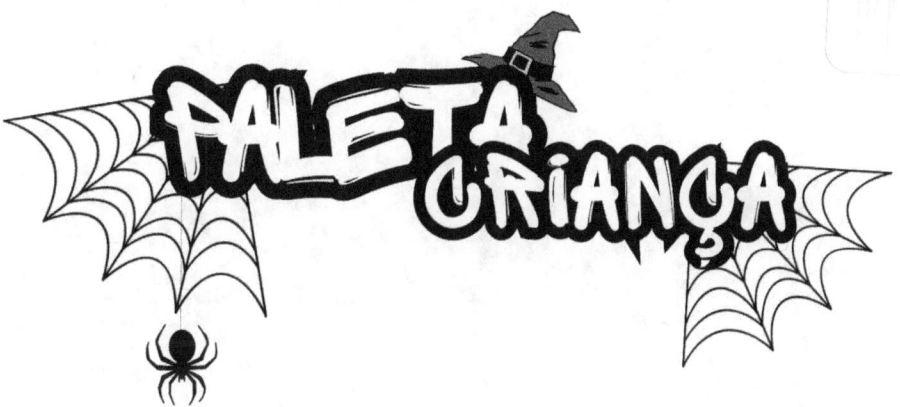

NIGHT OF MACABRE COLORS: A HALLOWEEN COLORING BOOK

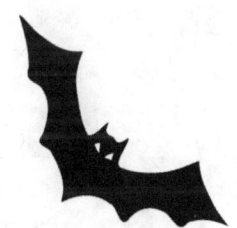

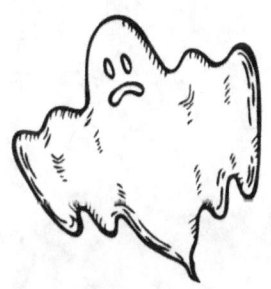

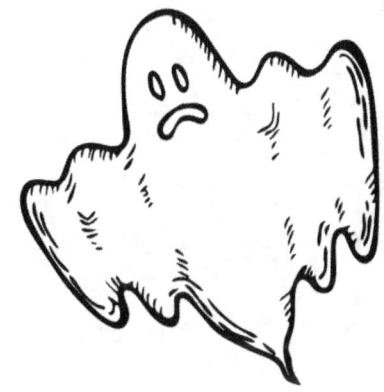

THIS BOOK BELONGS TO:

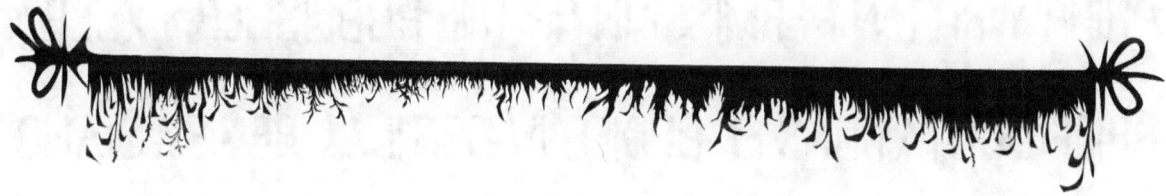

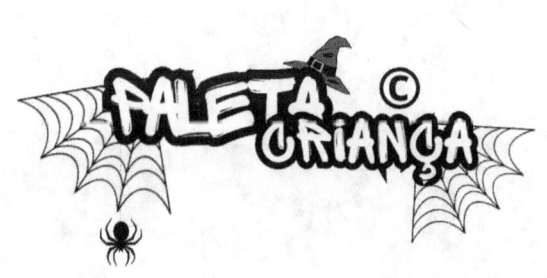

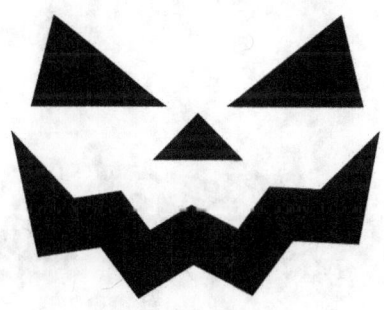

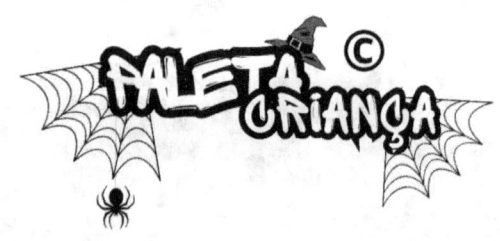

COLOR PAGE TEST

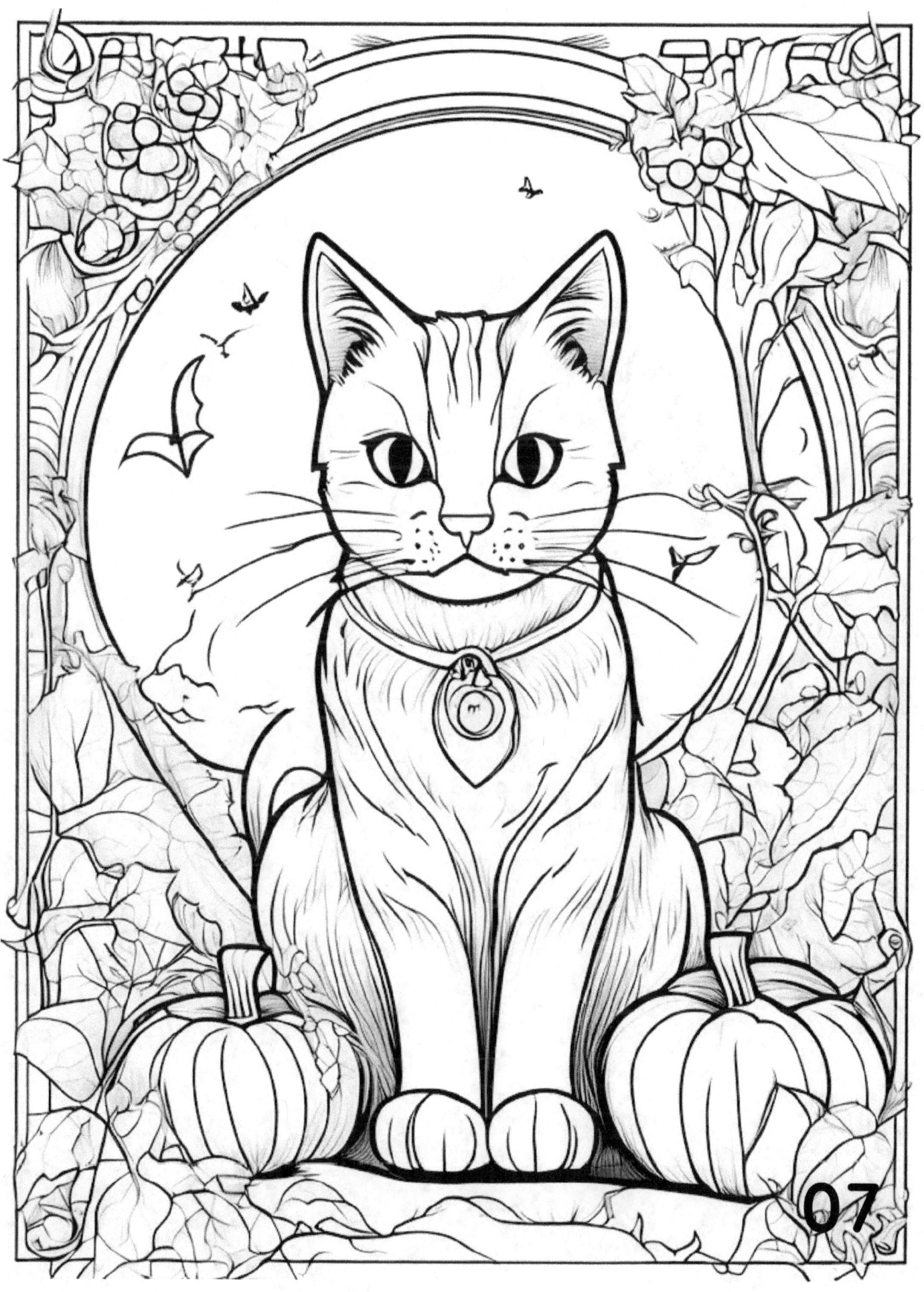

07

BOOOO!

PROTECTION SHEET

08

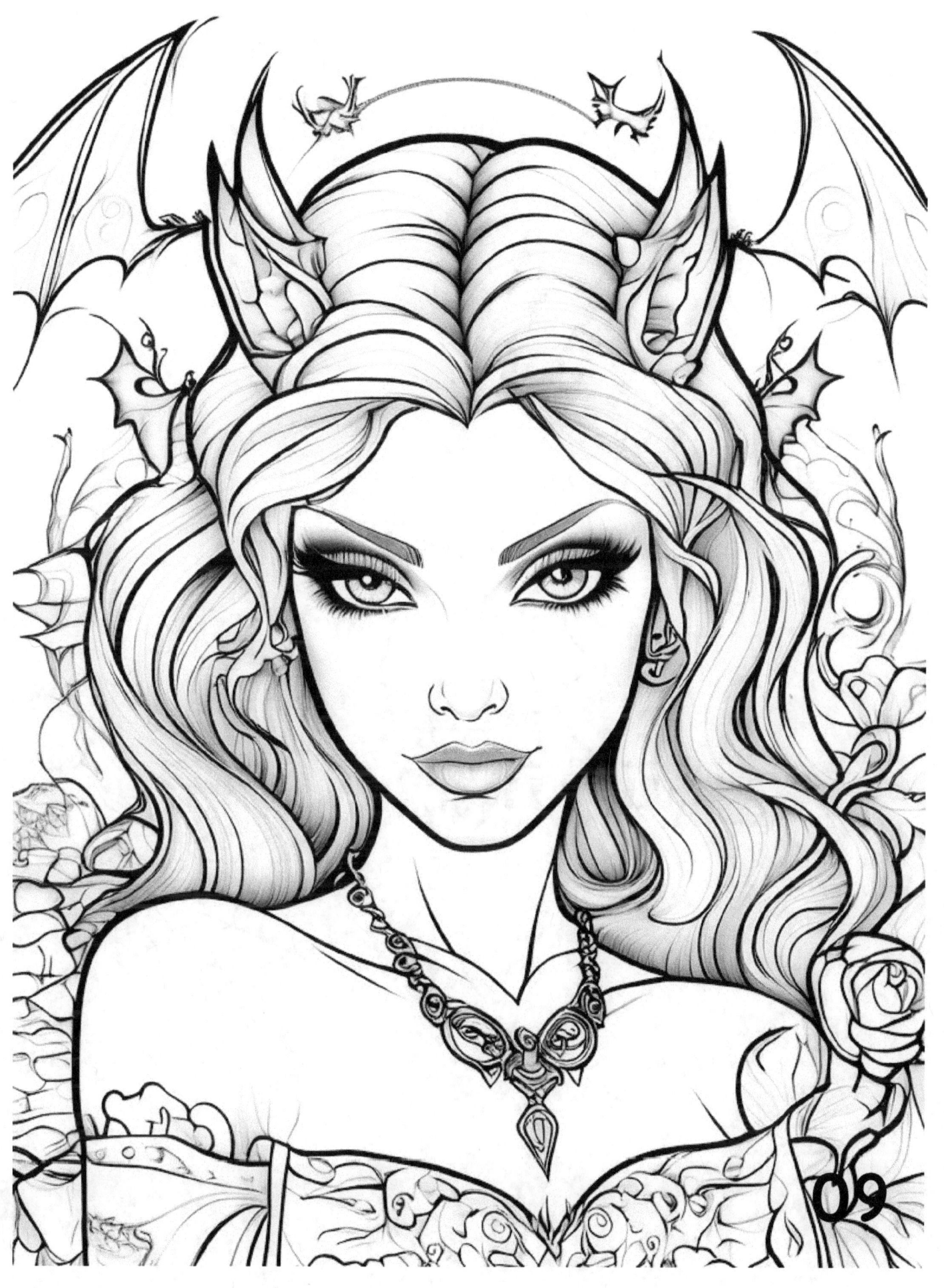

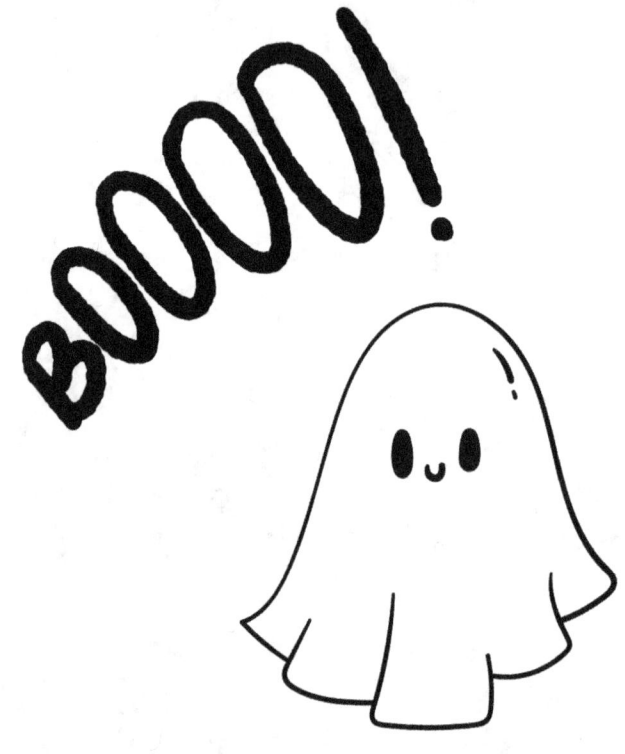

BOOOO!

PROTECTION ShEET

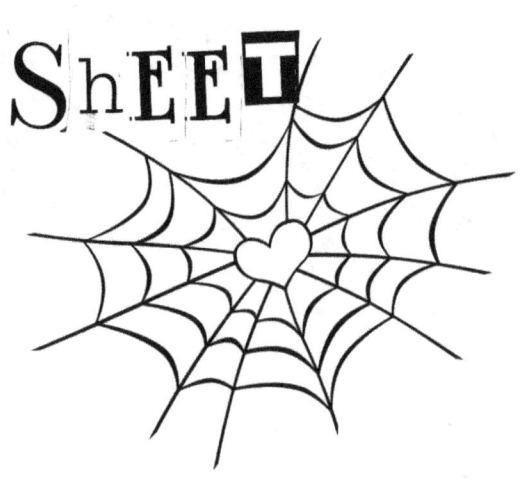

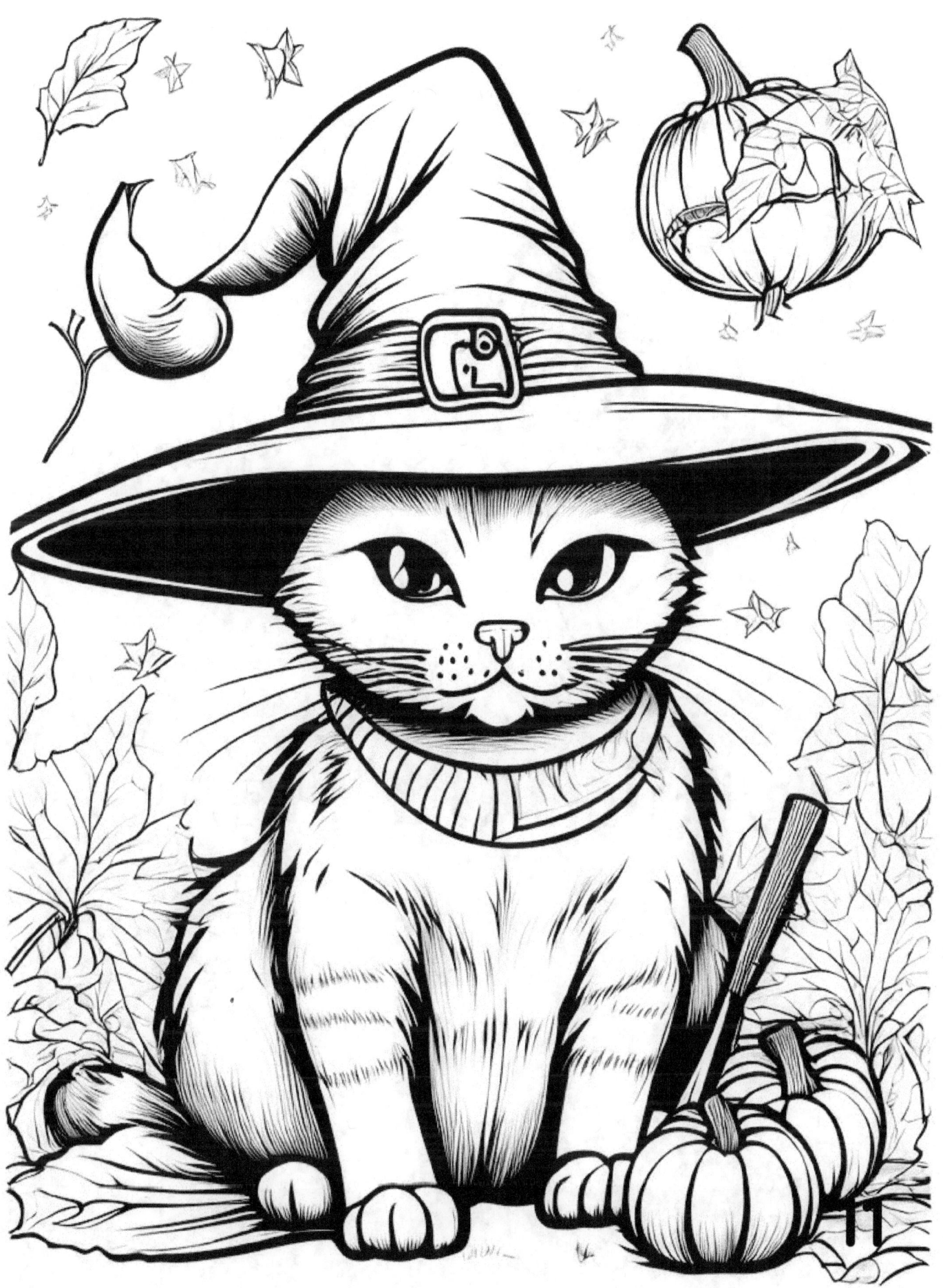

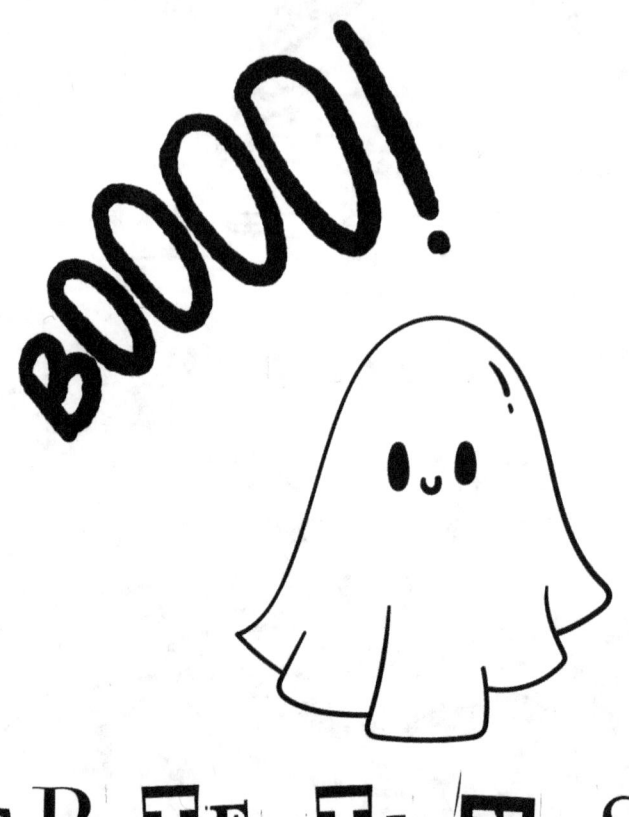

BOOOO!

pRoTECTioN ShEET

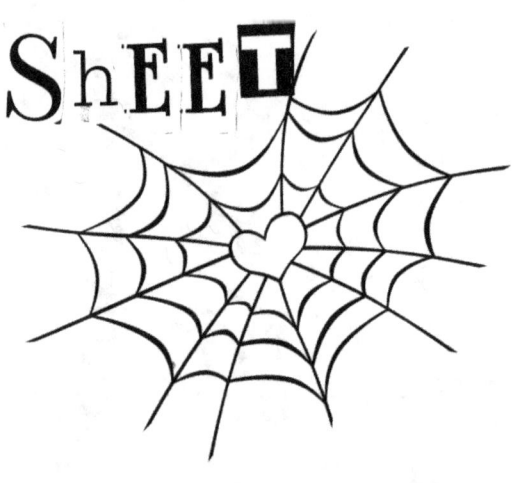

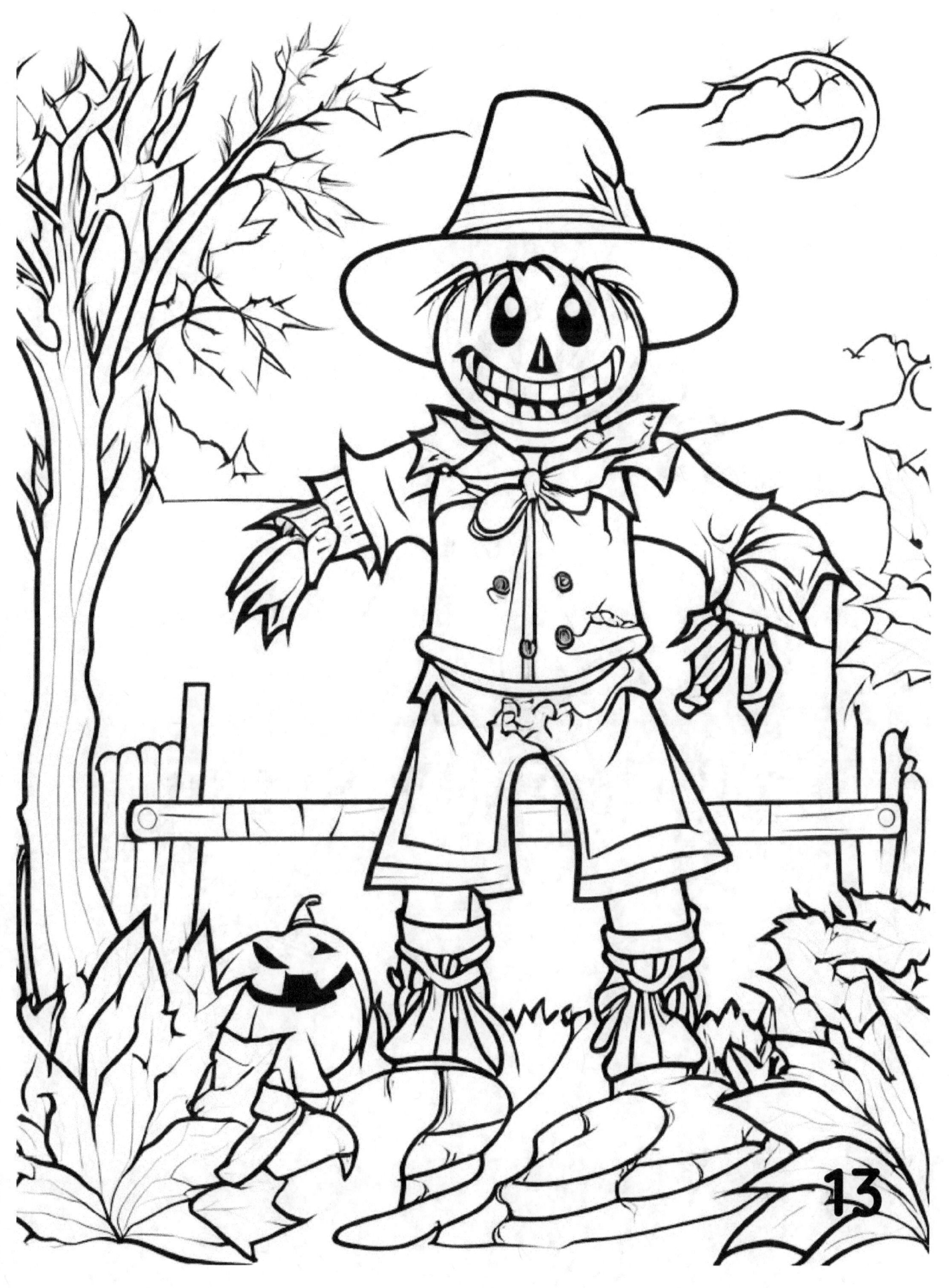

13

BOOOO!

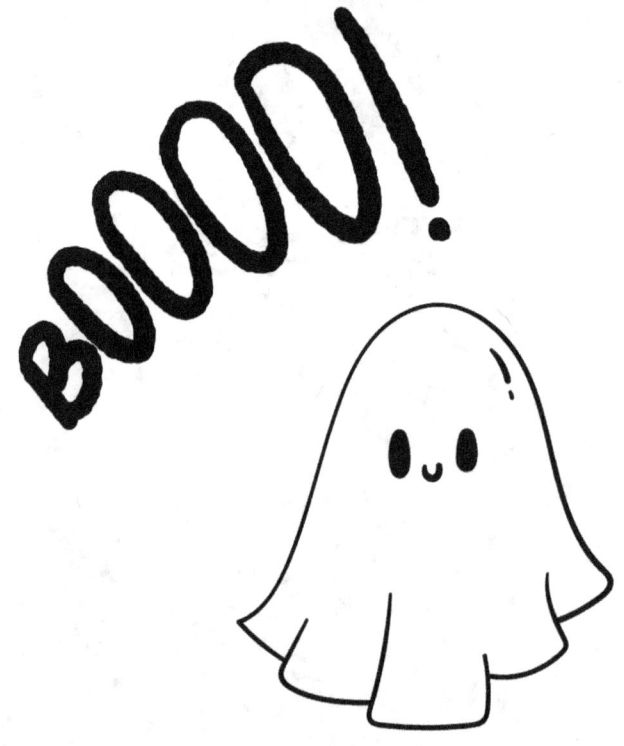

pRoTECTioN ShEET

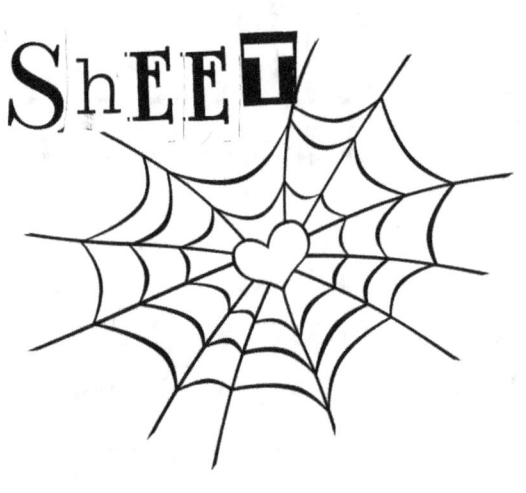

15

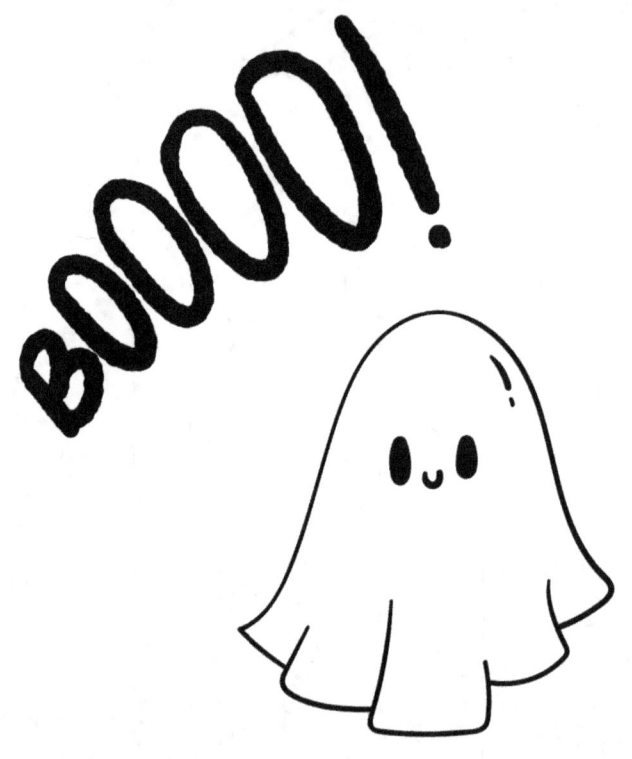

BOOOO!

PROTECTION SHEET

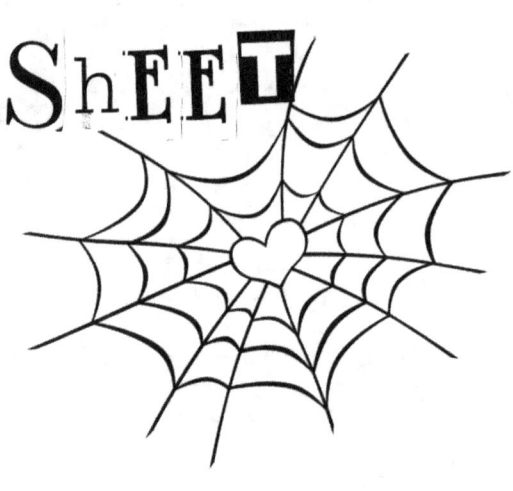

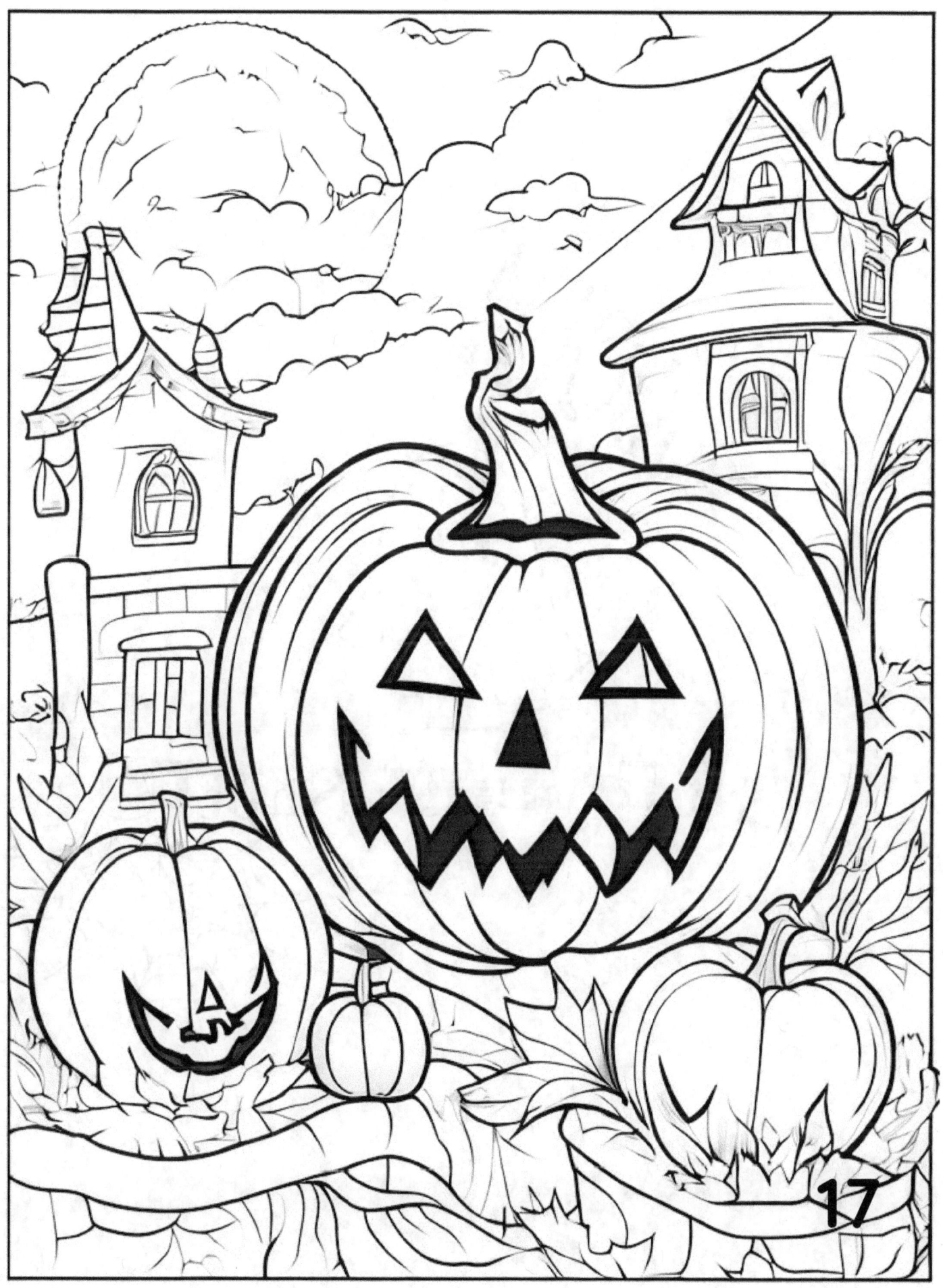

17

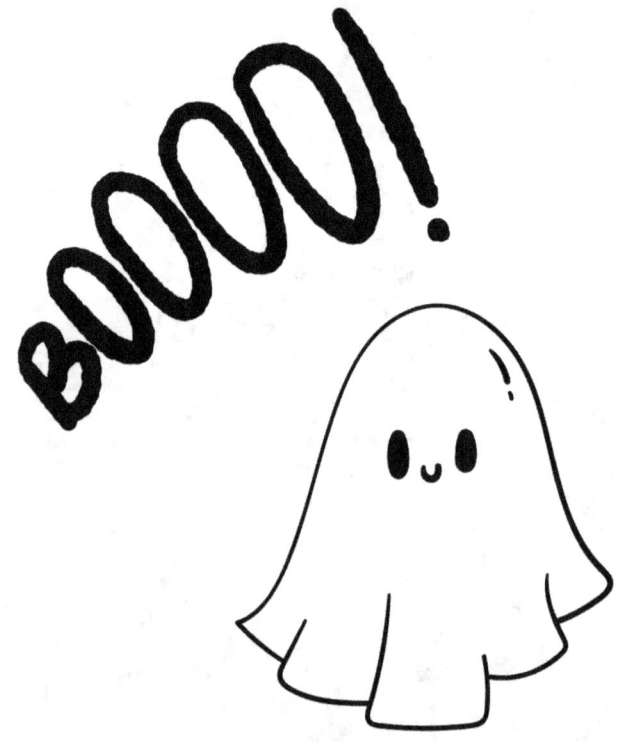

BOOOO!

pRoTECTioN ShEET

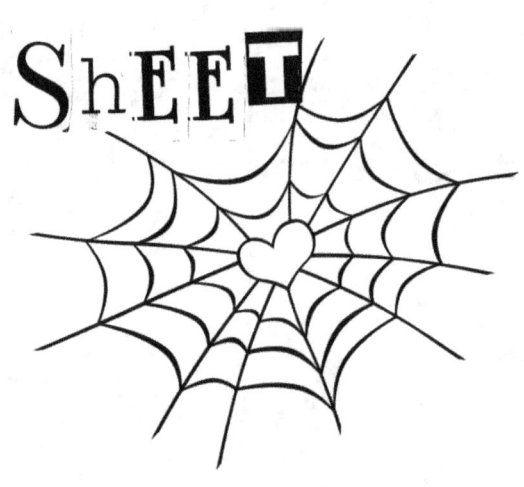

18

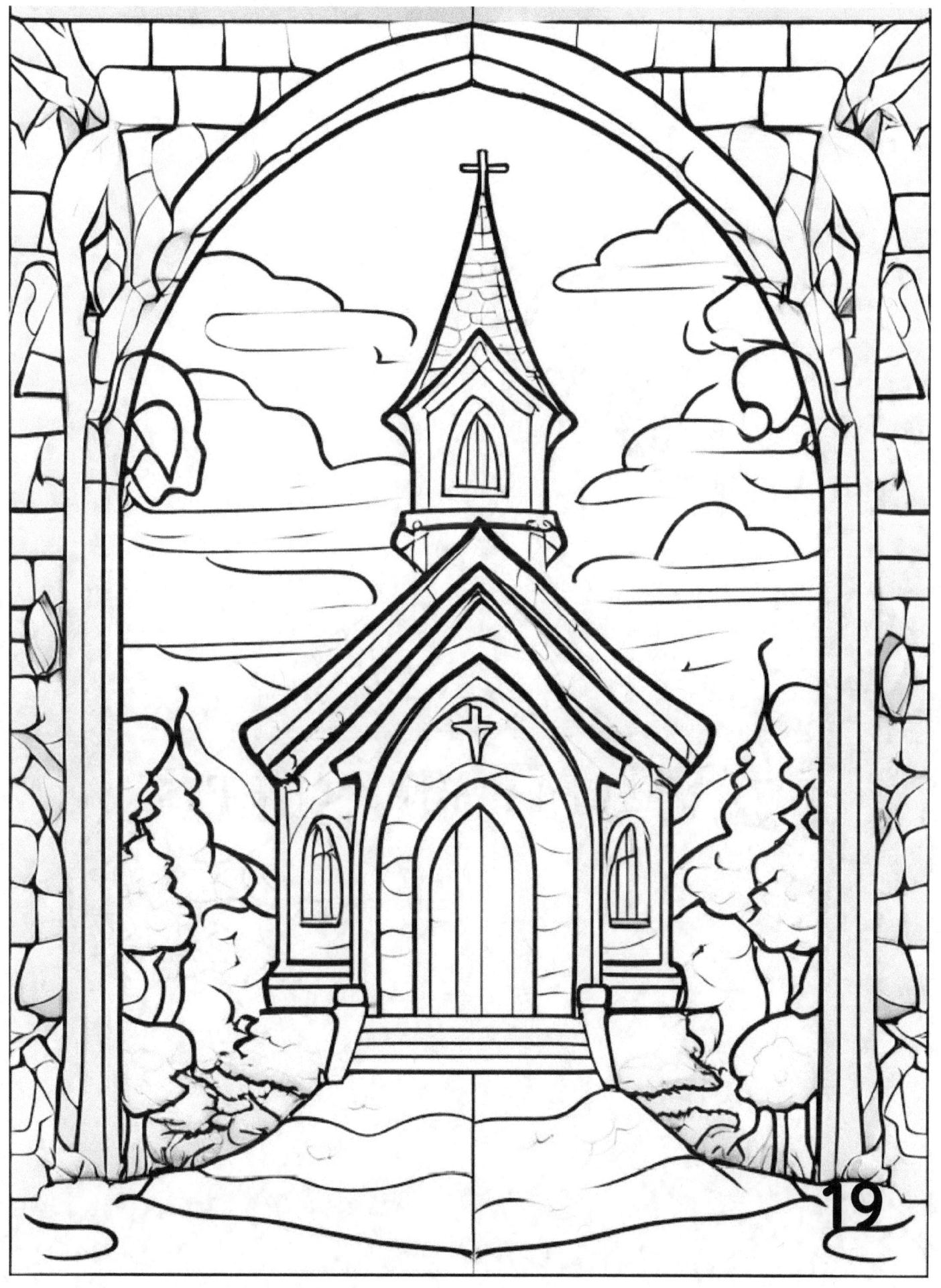

19

BOOOO!

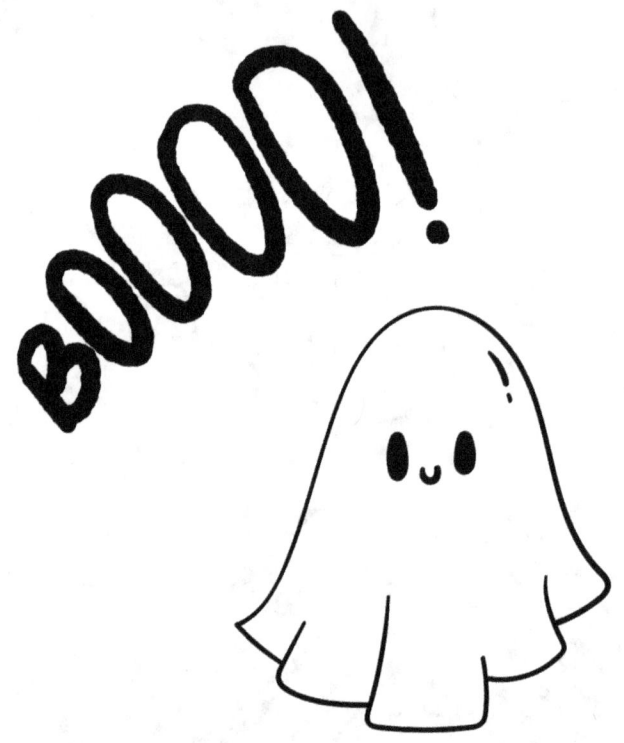

PROTECTION SHEET

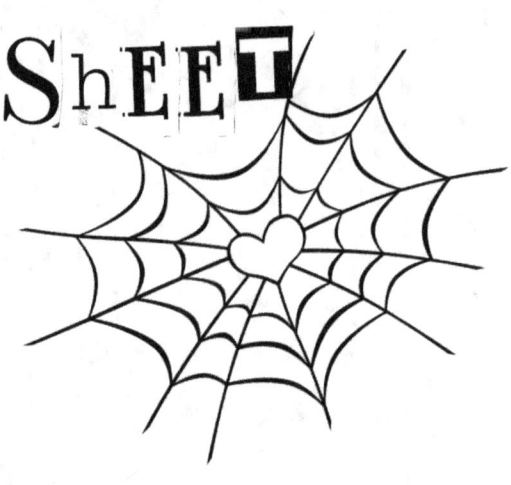

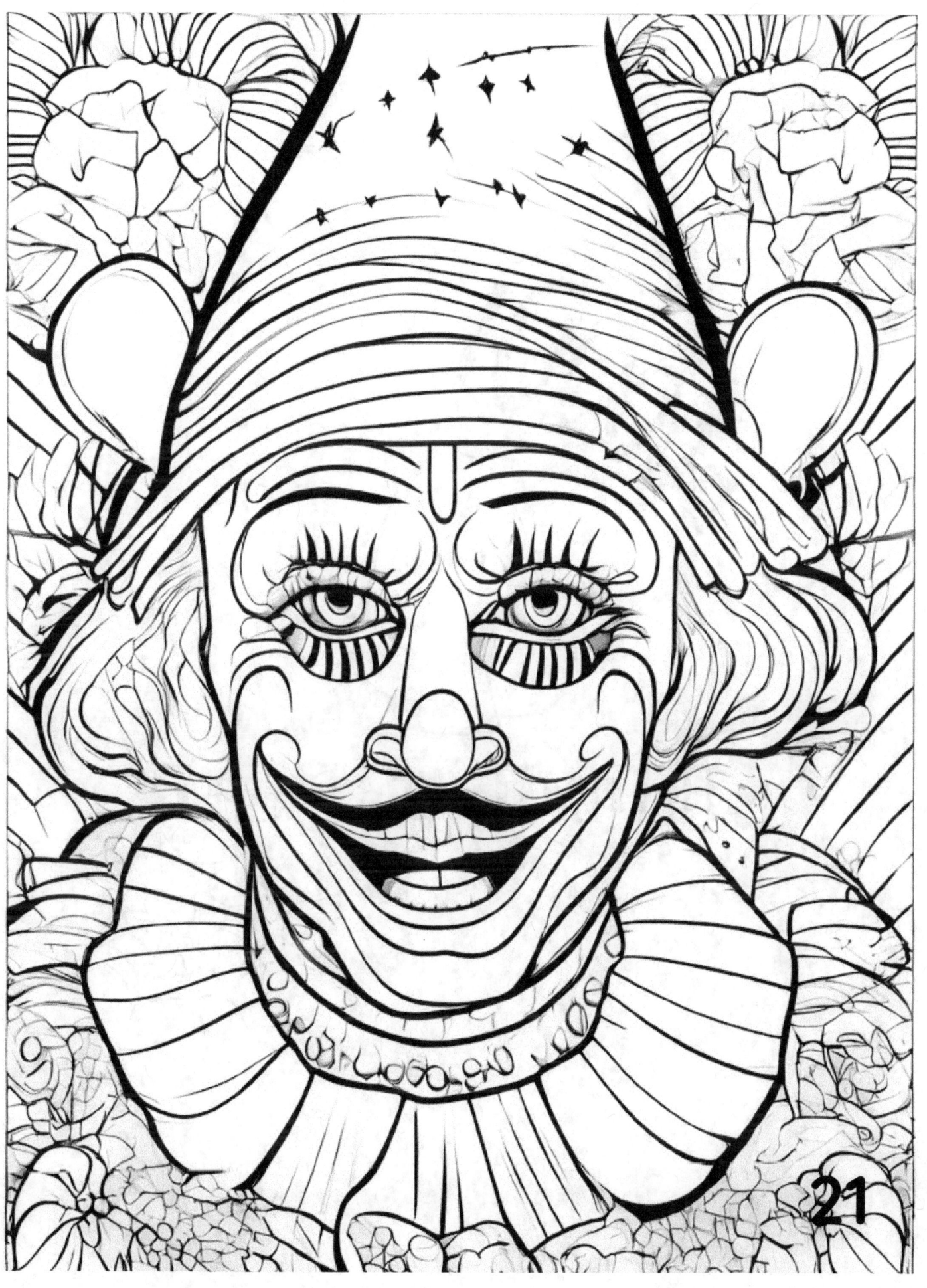

21

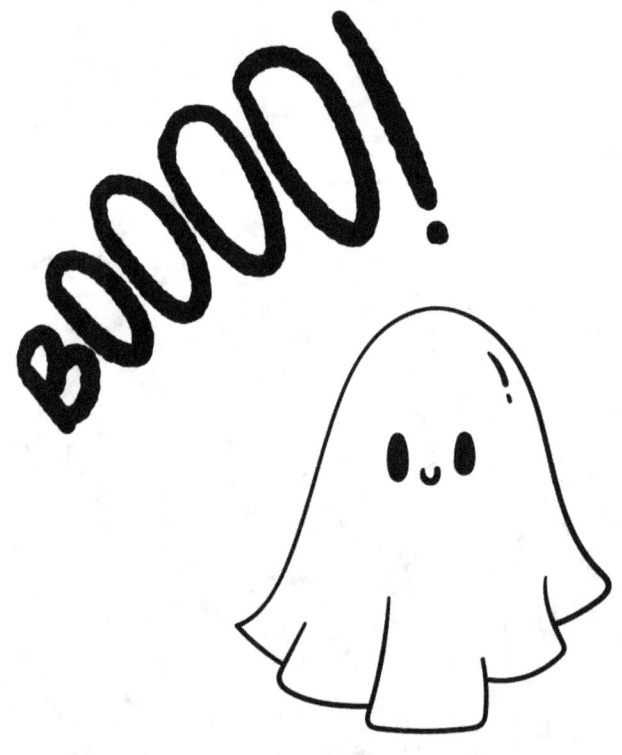

BOOOO!

pRoTECtioN ShEEt

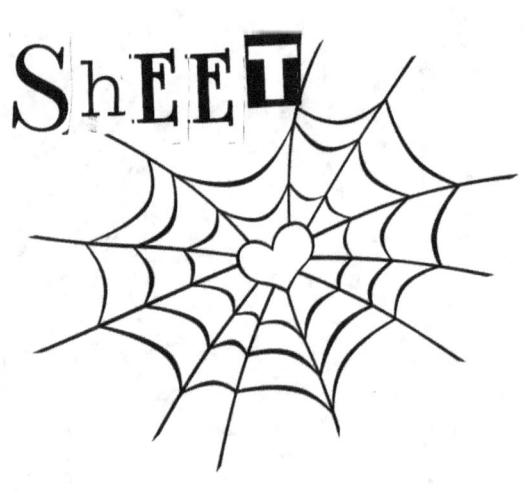

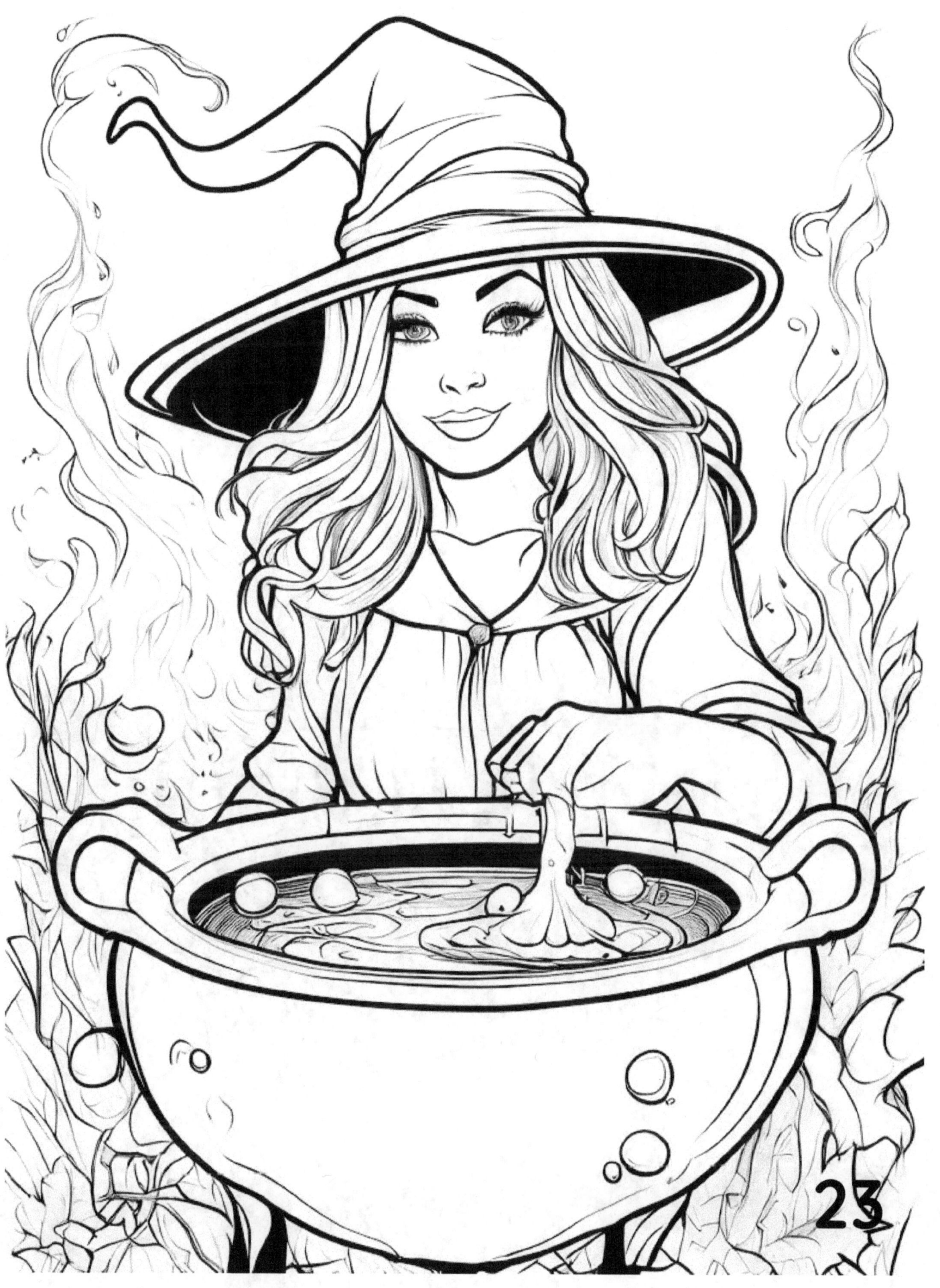

23

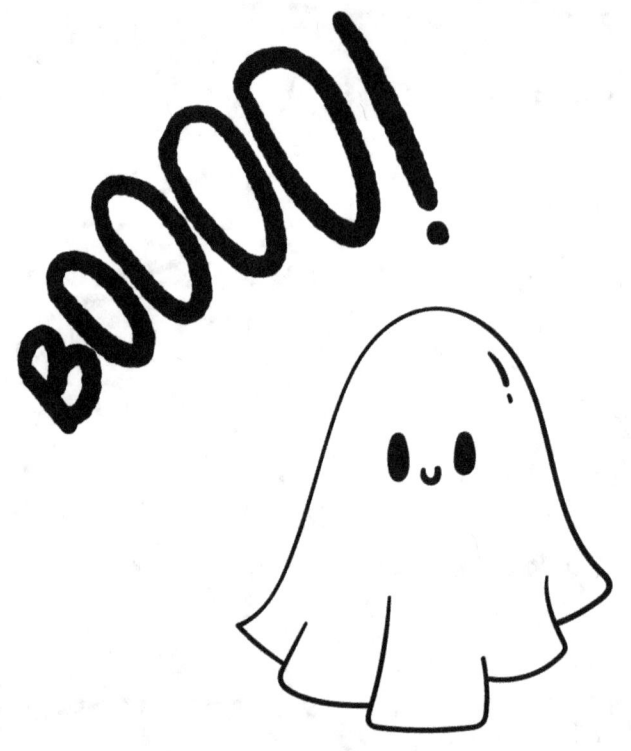

BOOOO!

pRoTECTioN ShEET

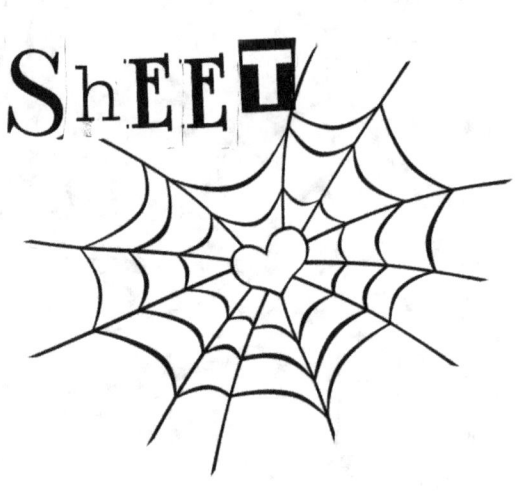

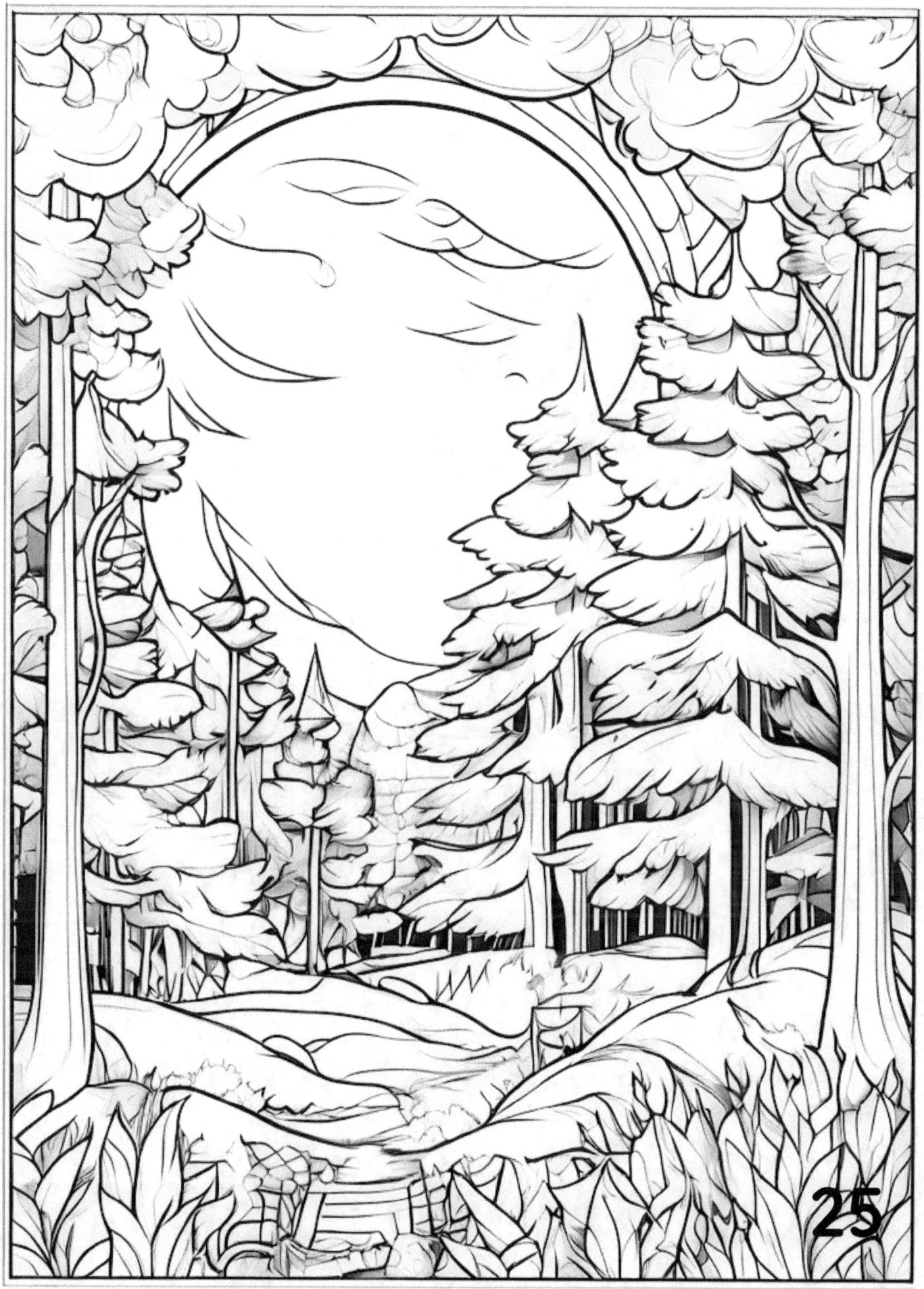

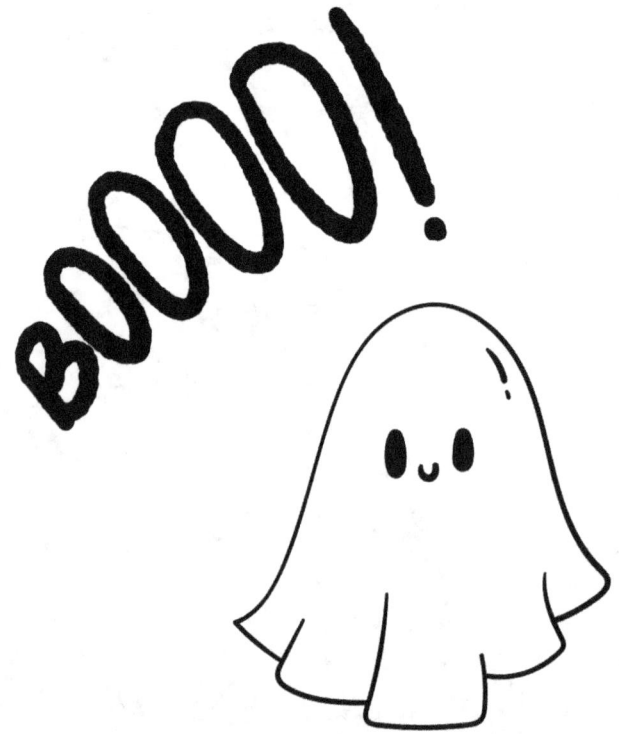

BOOOO!

pRoTECTioN ShEET

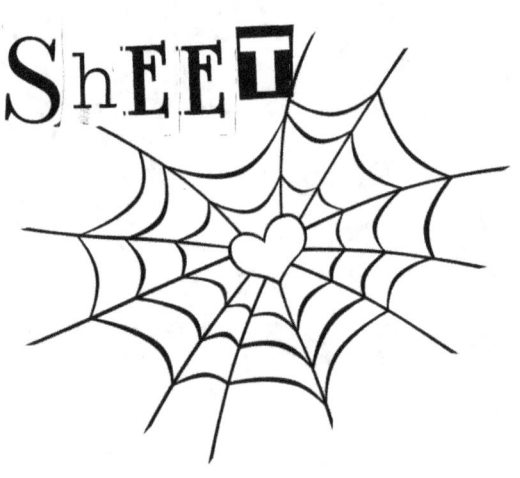

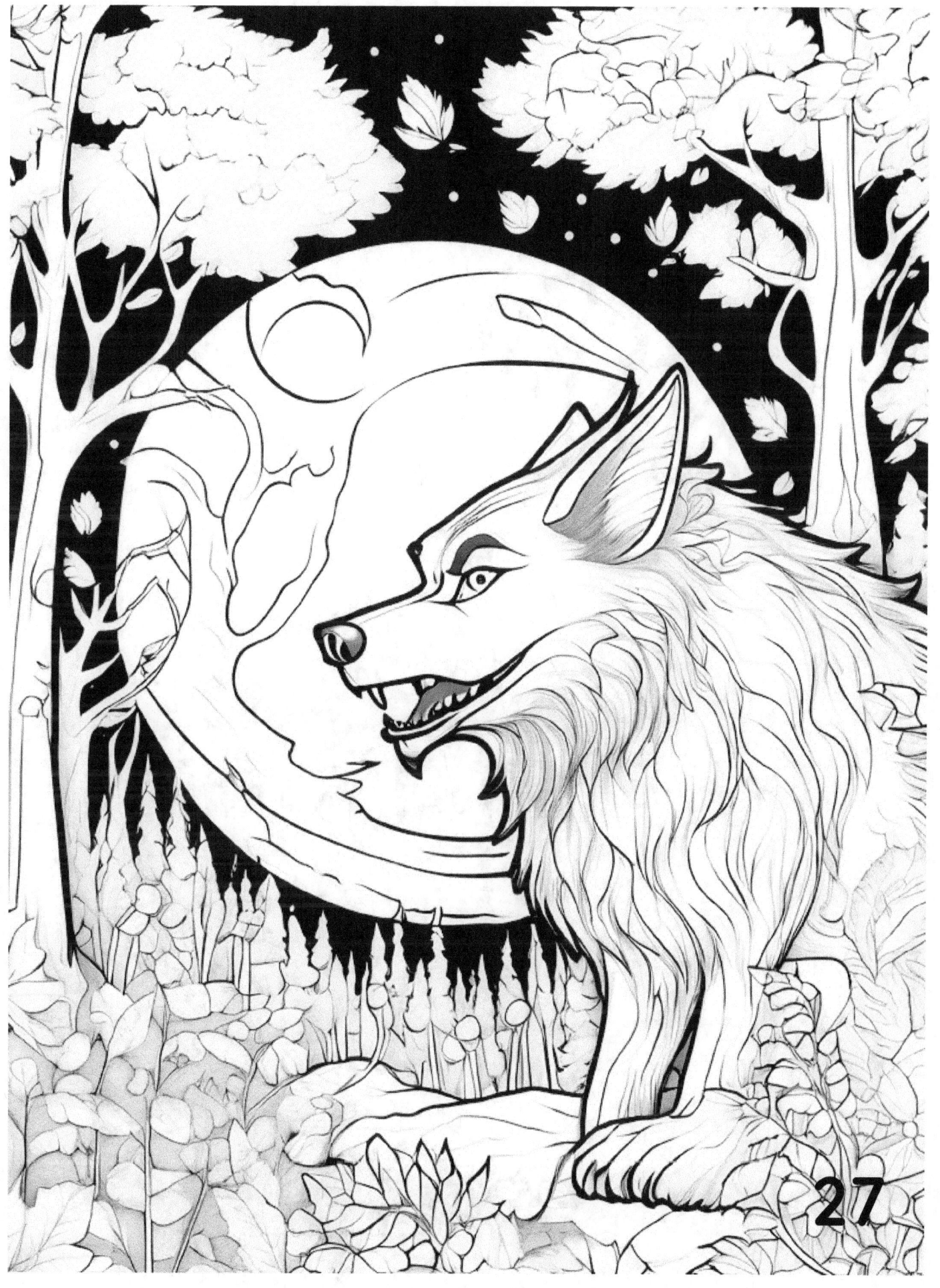

27

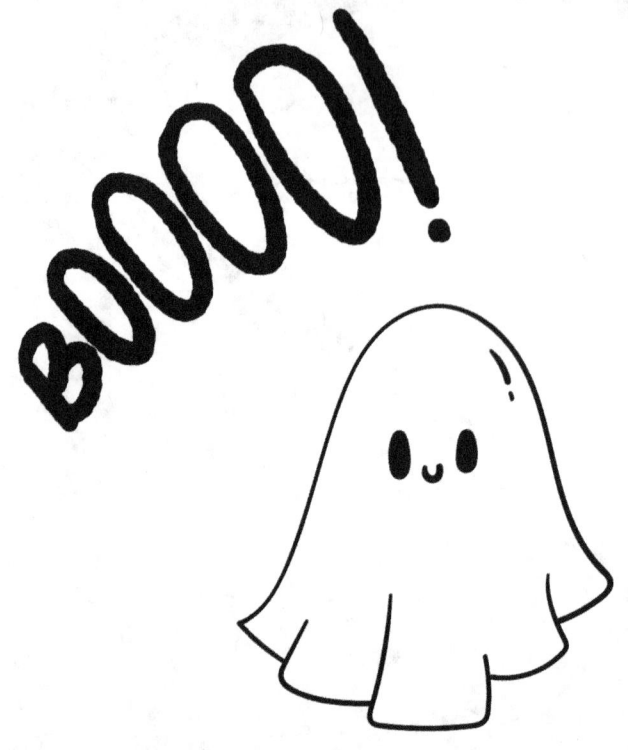

BOOOO!

pRoTECTioN ShEET

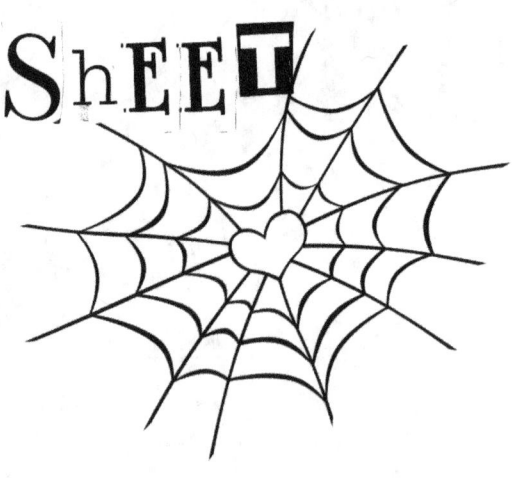

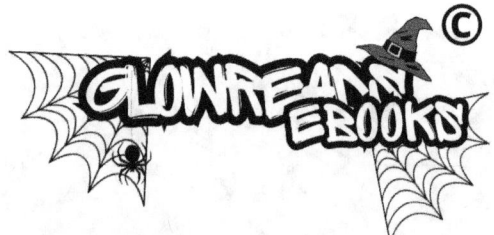

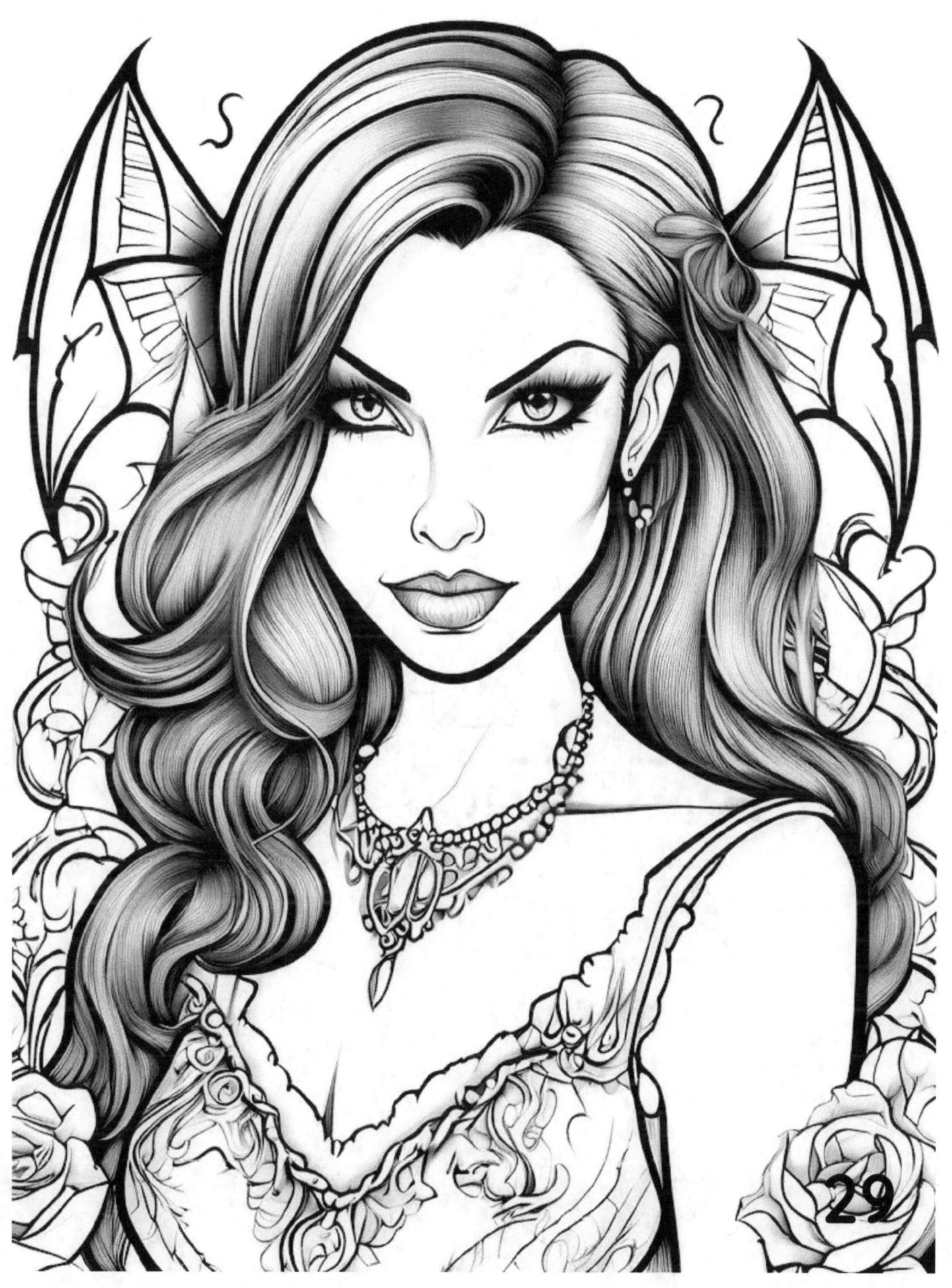

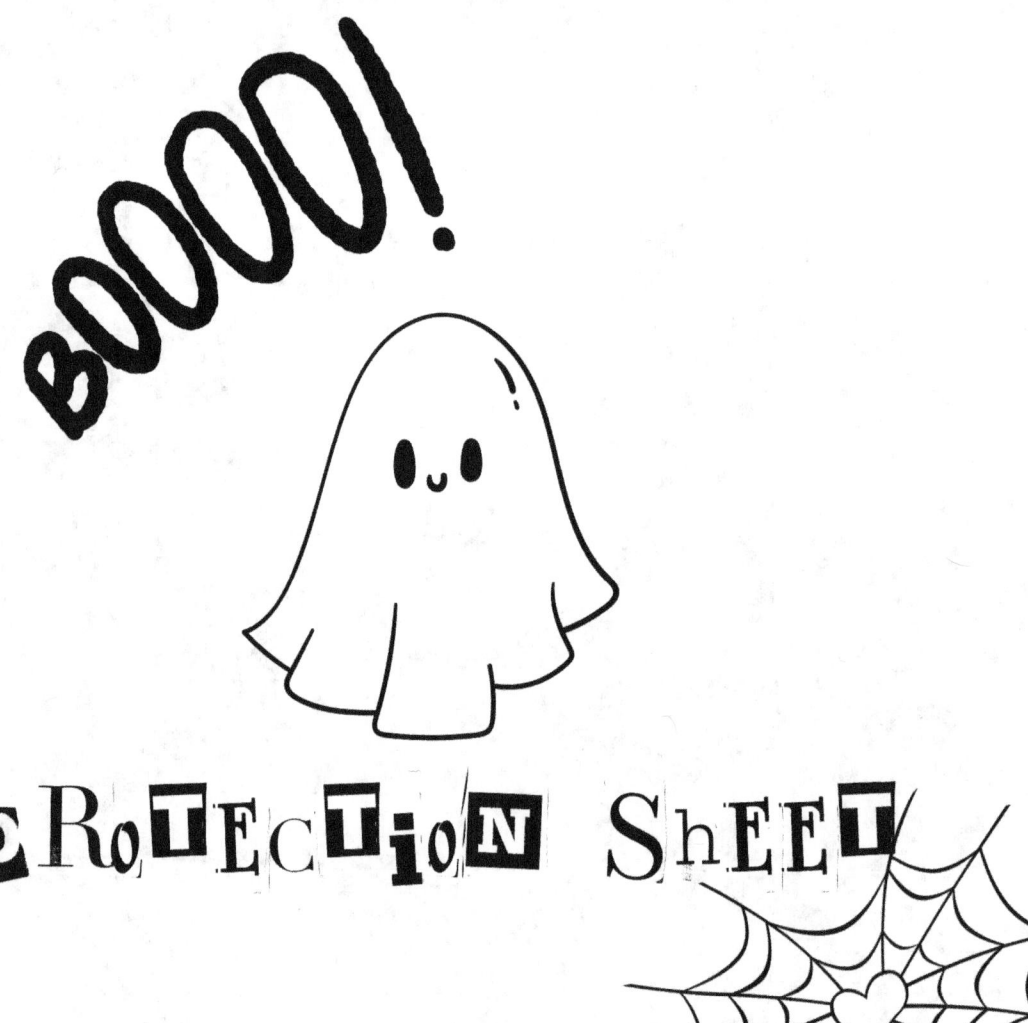

BOOOO!

PROTECTION SHEET

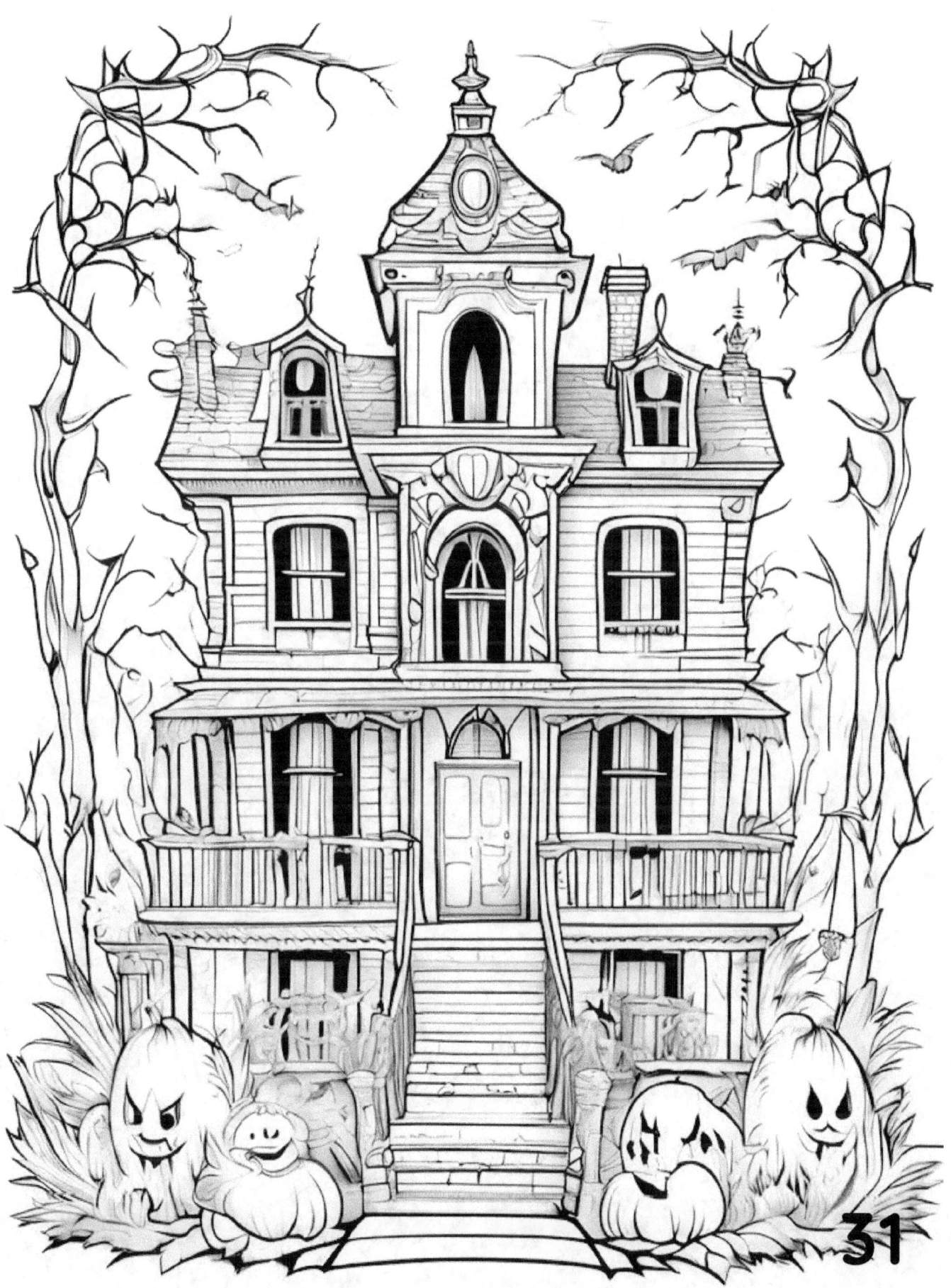

31

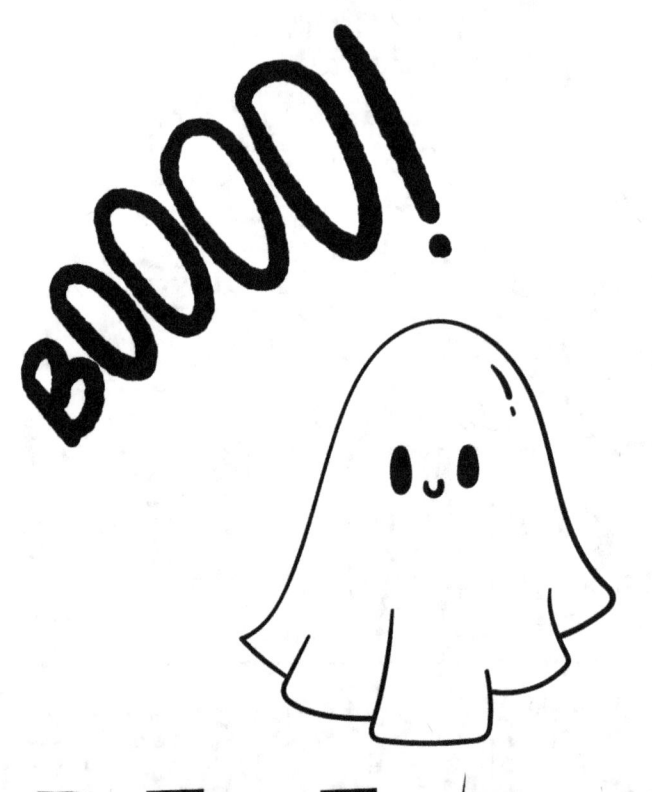

BOOOO!

PROTECTION SHEET

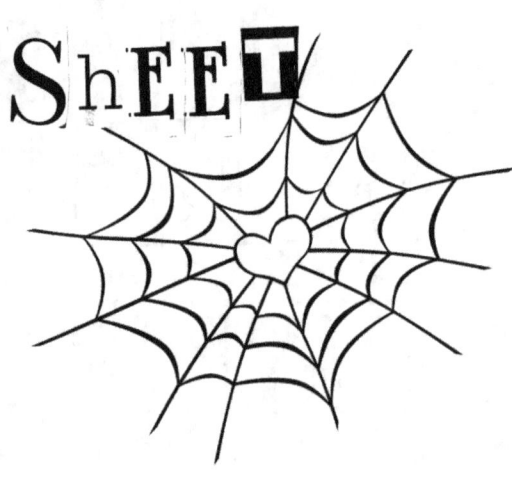

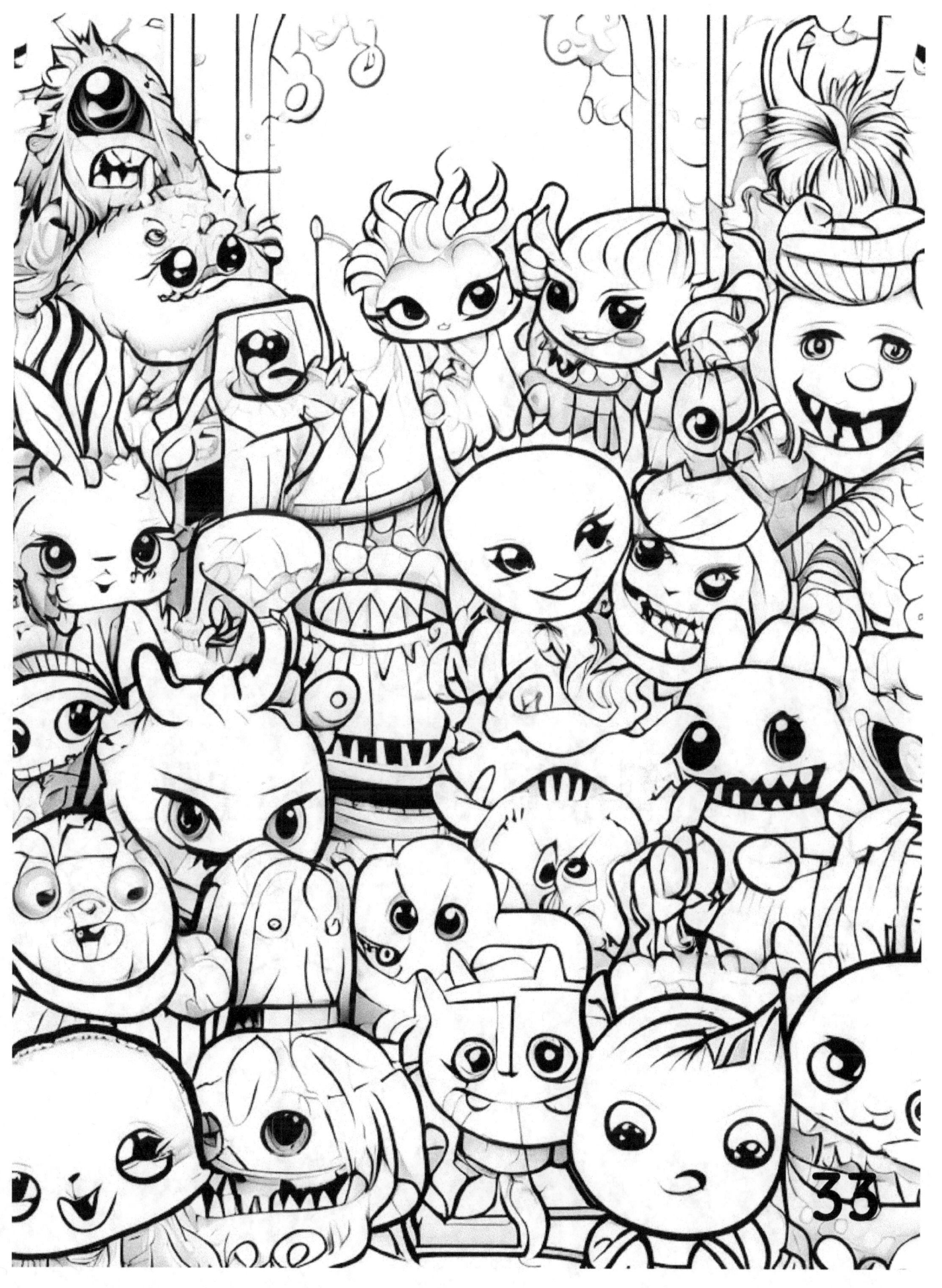

33

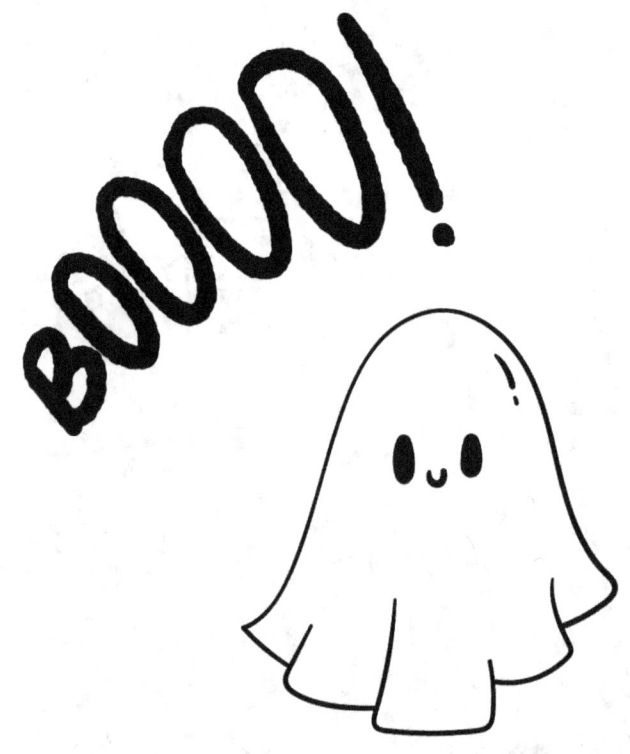

BOOOO!

pROTECTiON ShEET

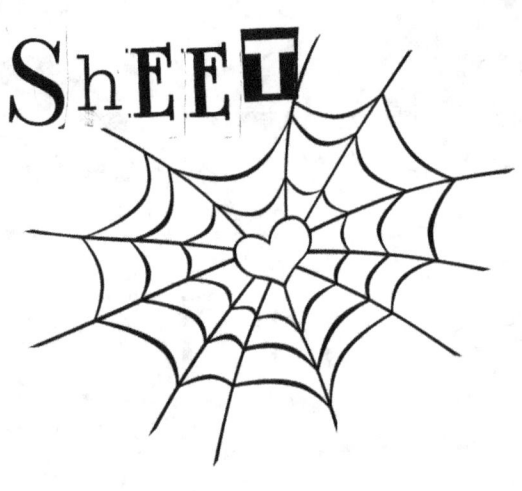

34

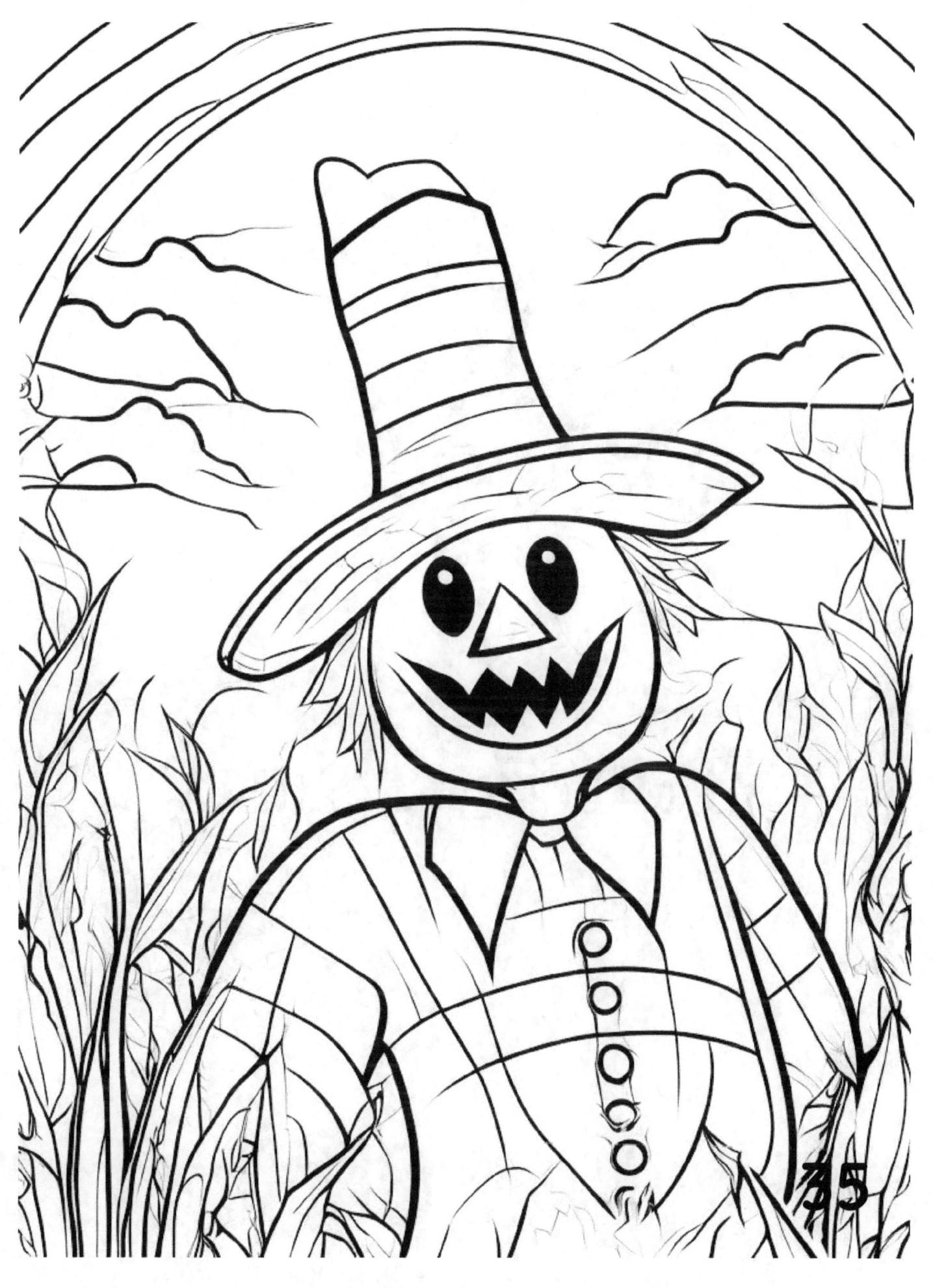

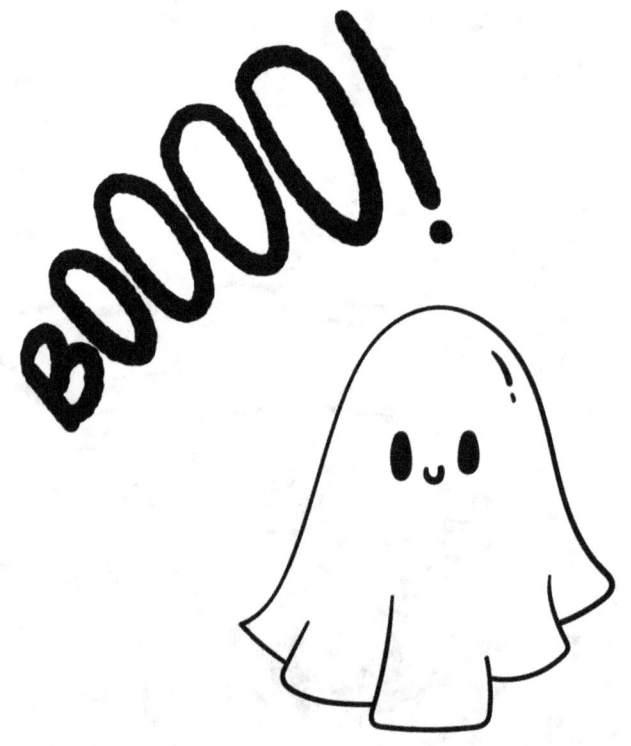

BOOOO!

pRoTECTioN ShEET

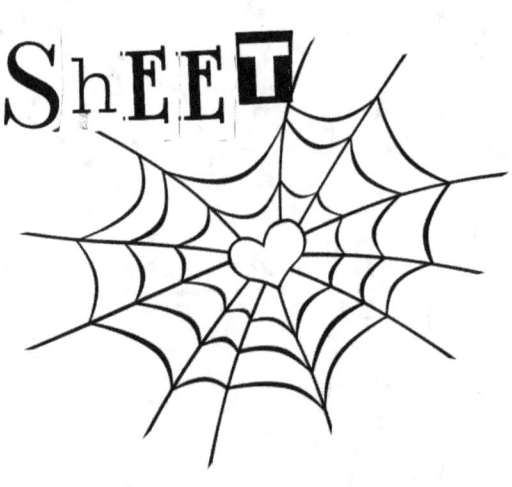

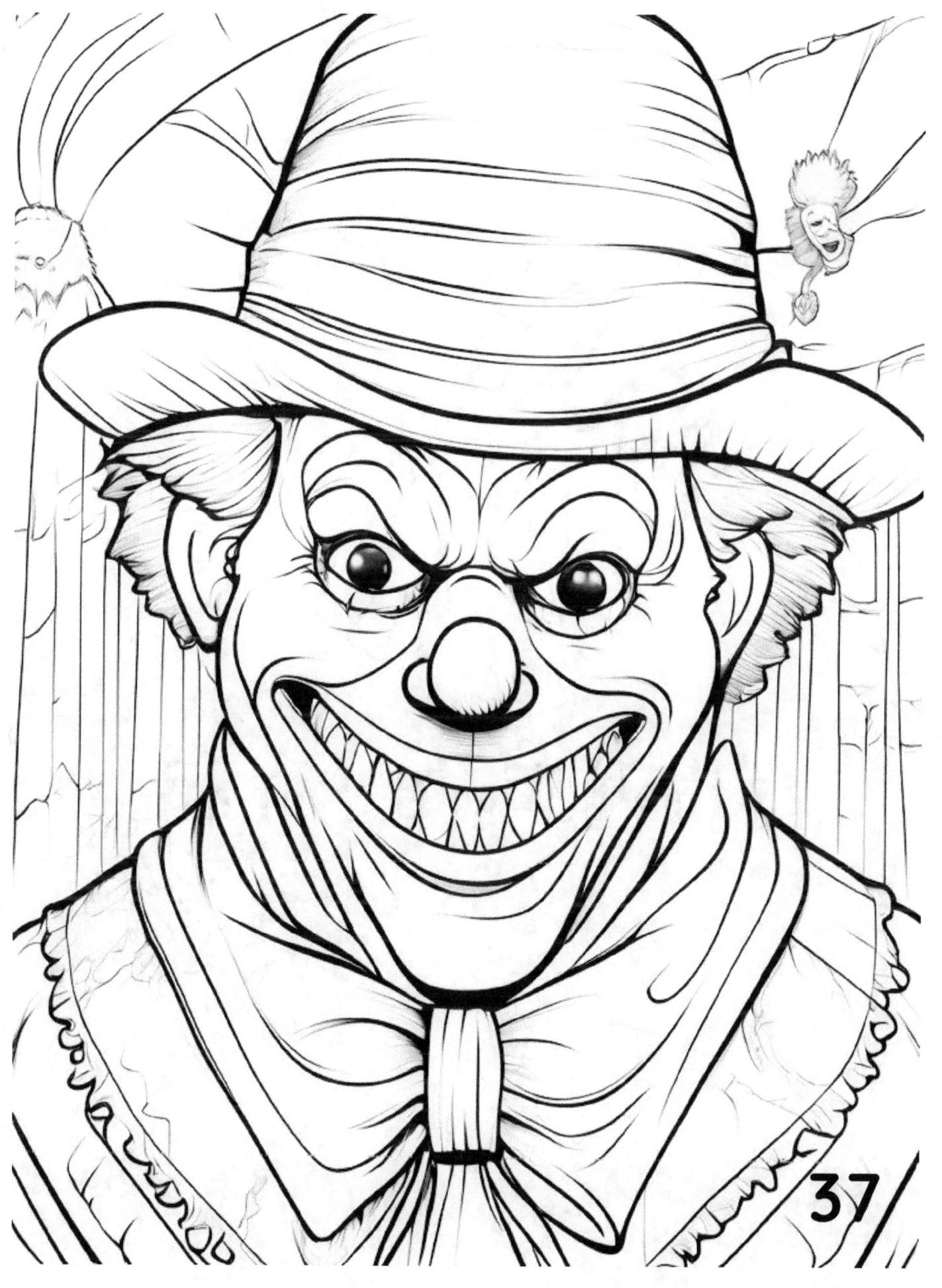

37

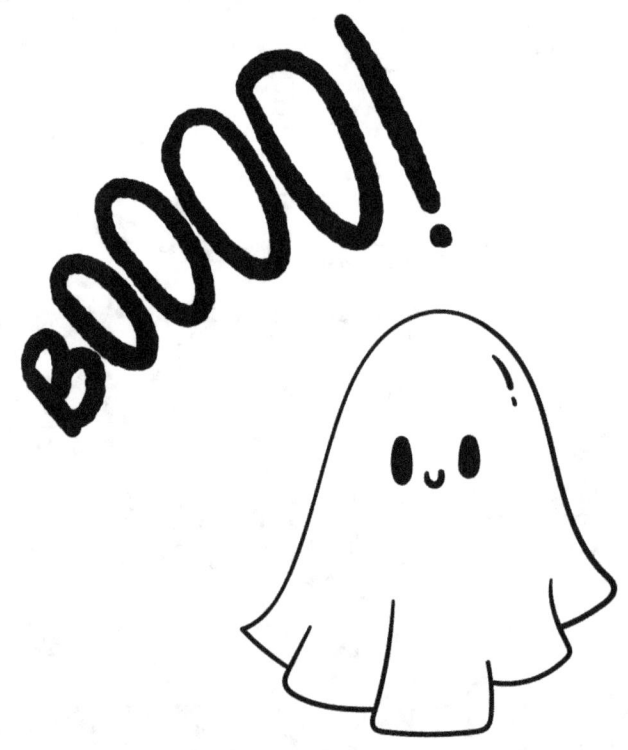

BOOOO!

pRoTECTioN ShEET

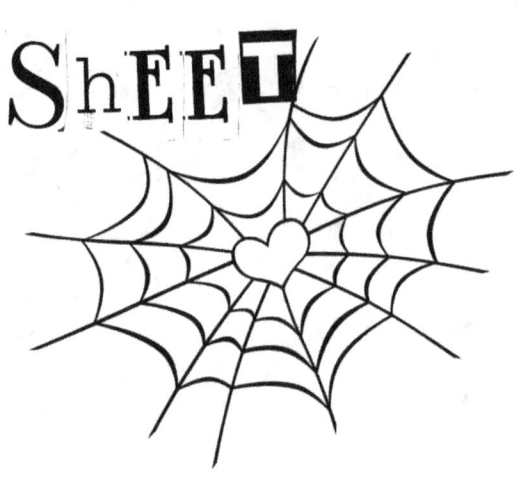

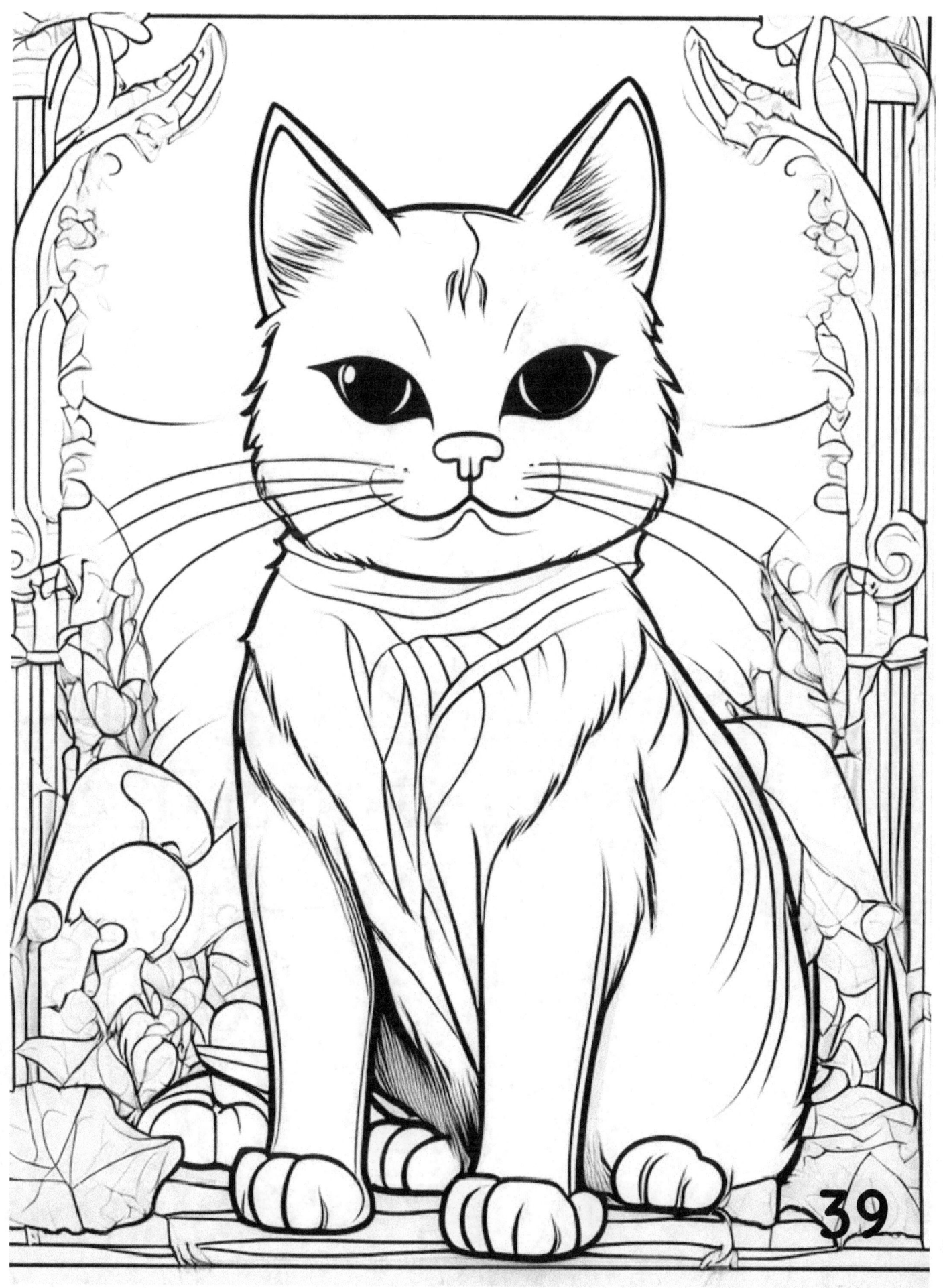
39

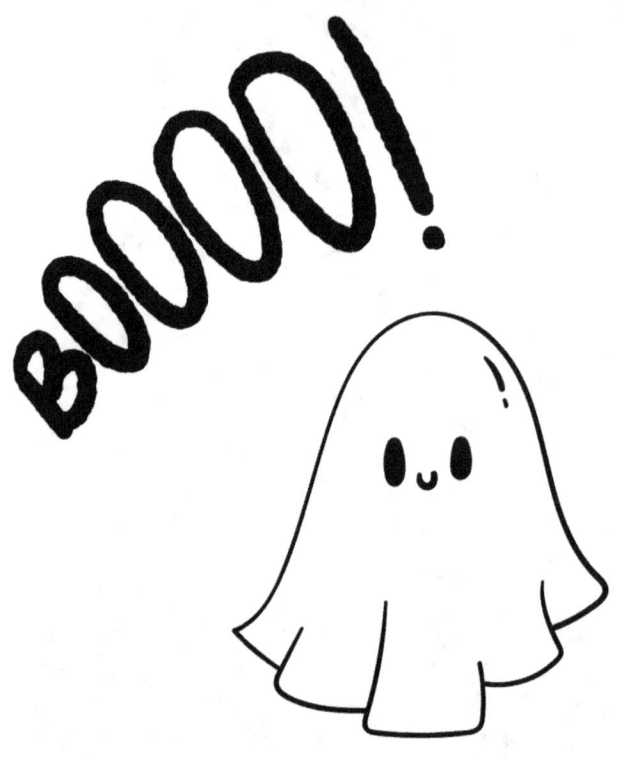

BOOOO!

pRoTECTioN ShEET

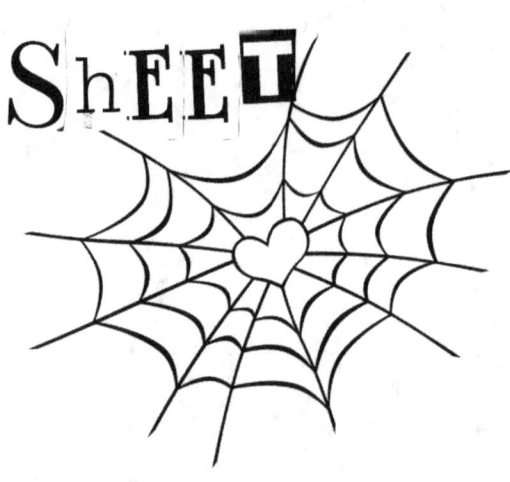

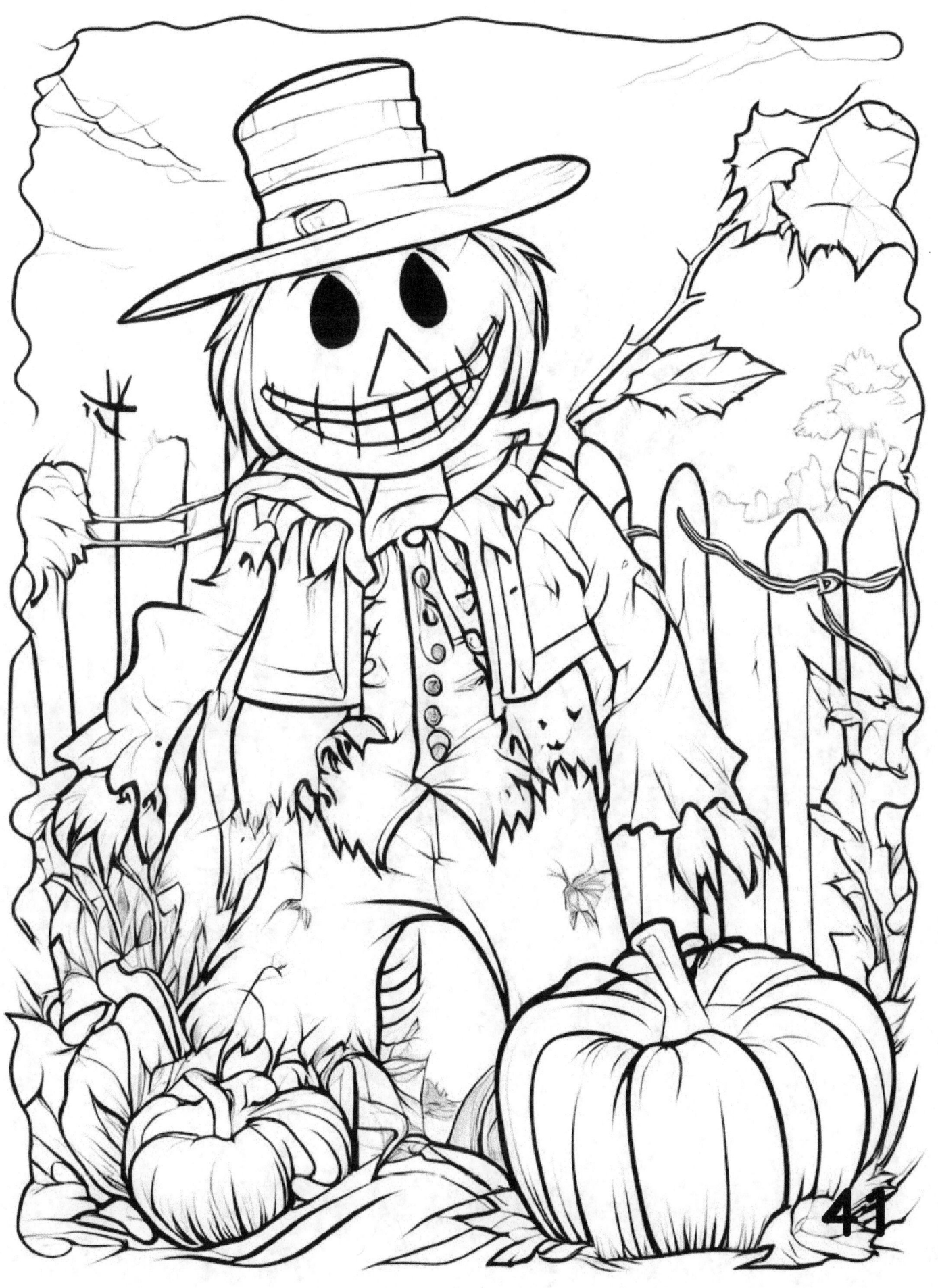

41

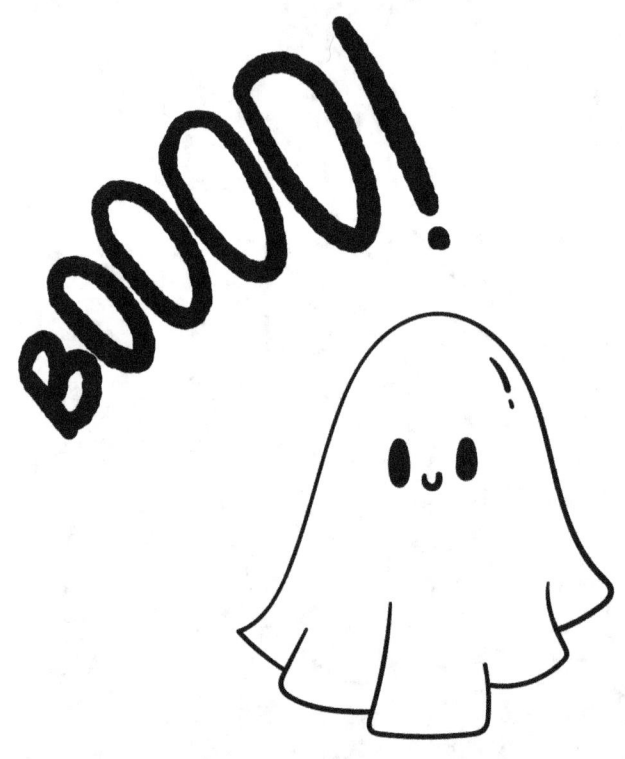

BOOOO!

pRoTECTiON ShEET

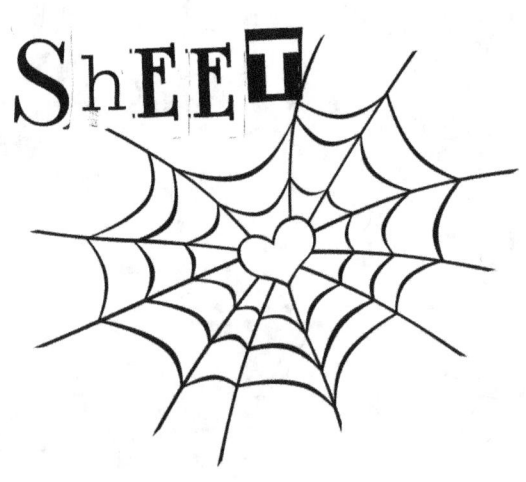

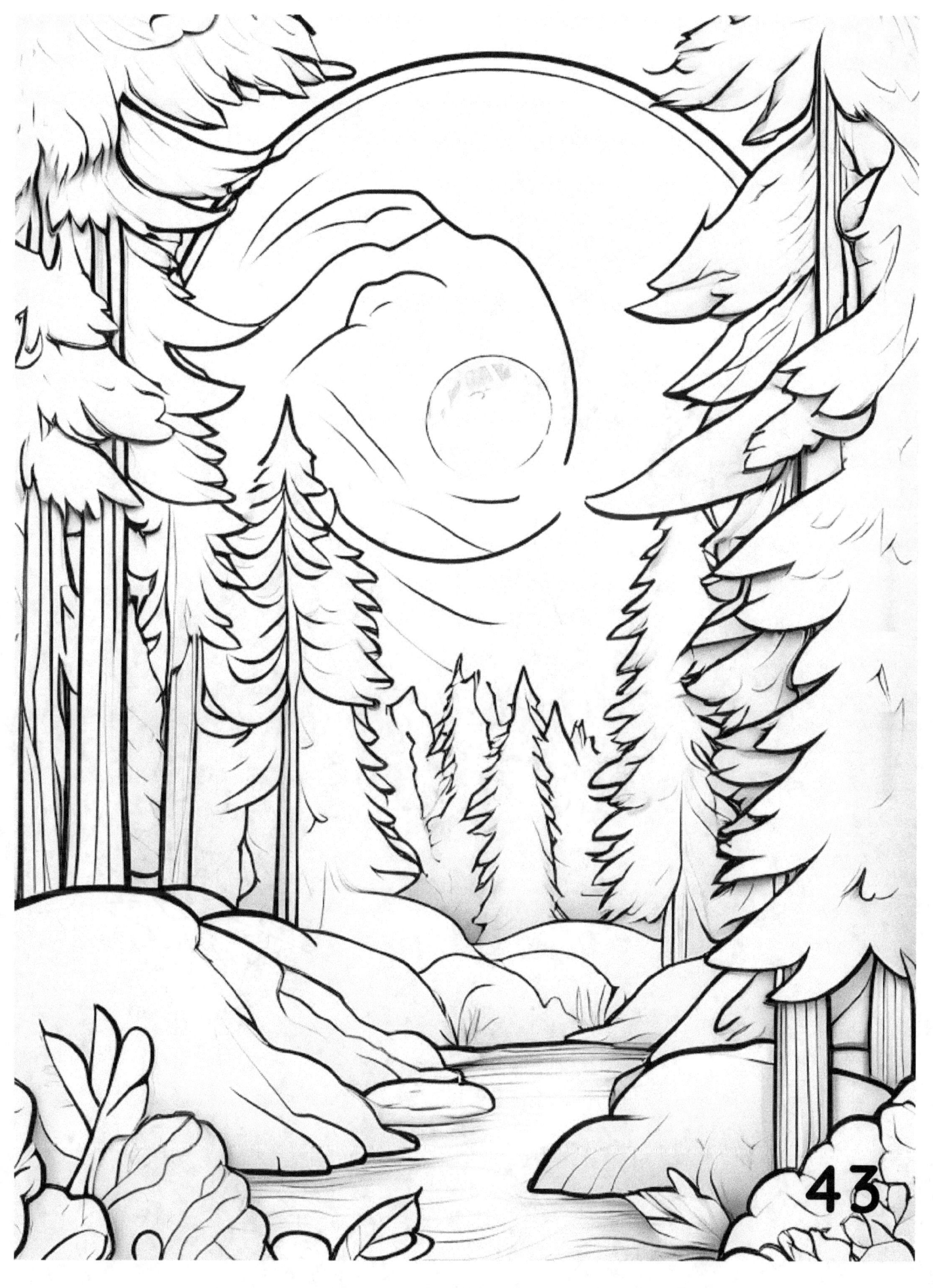

43

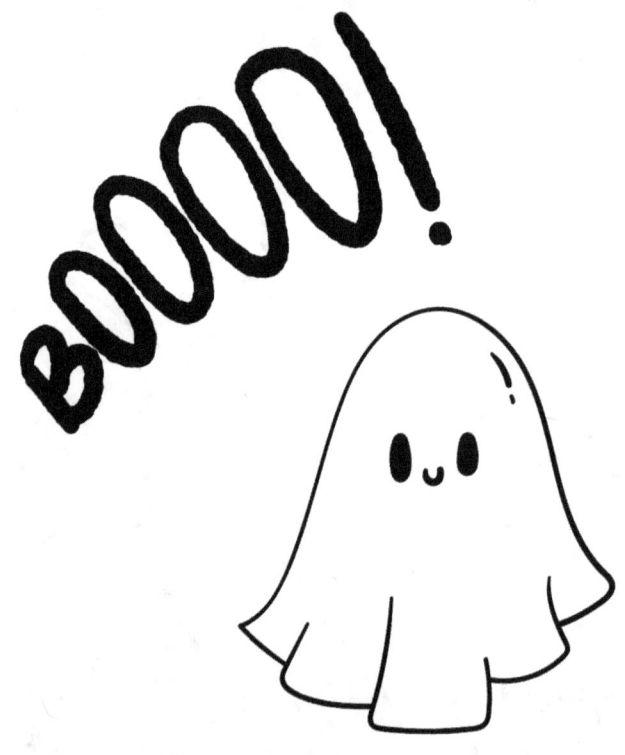

BOOOO!

pRoTECTioN ShEET

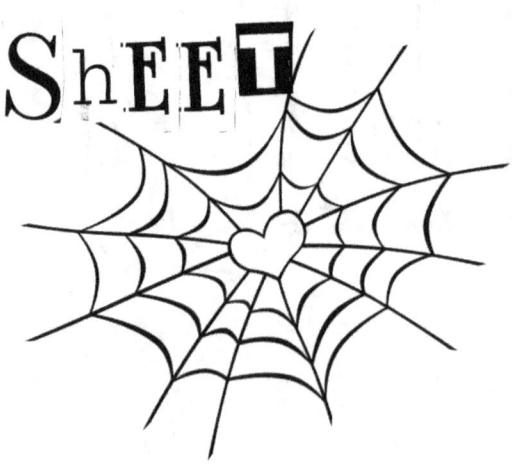

44

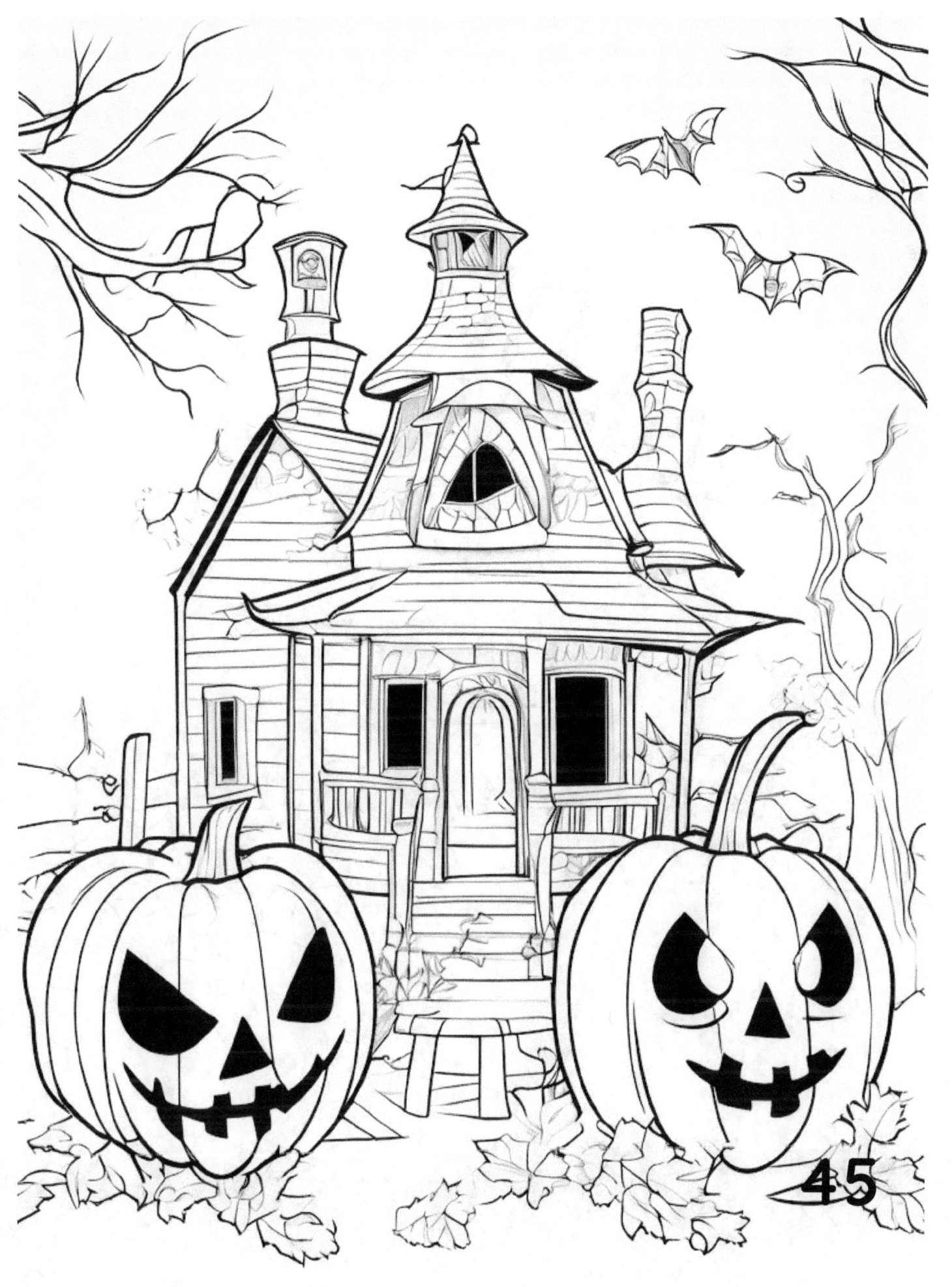

45

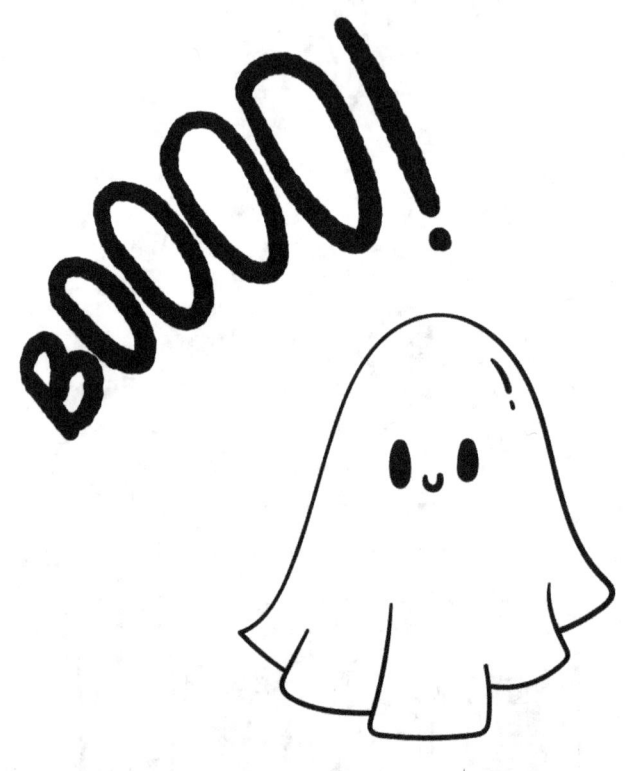

BOOOO!

pRoTECTioN ShEET

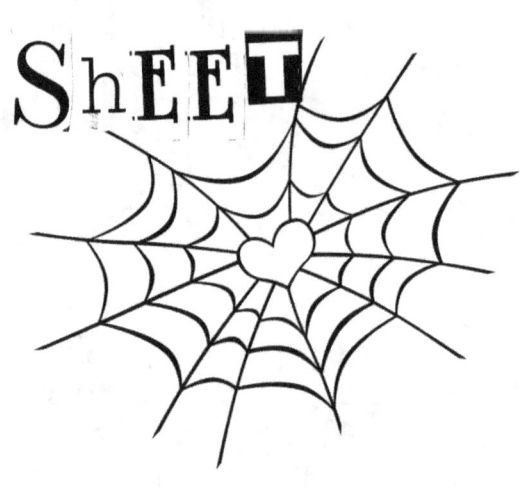

46

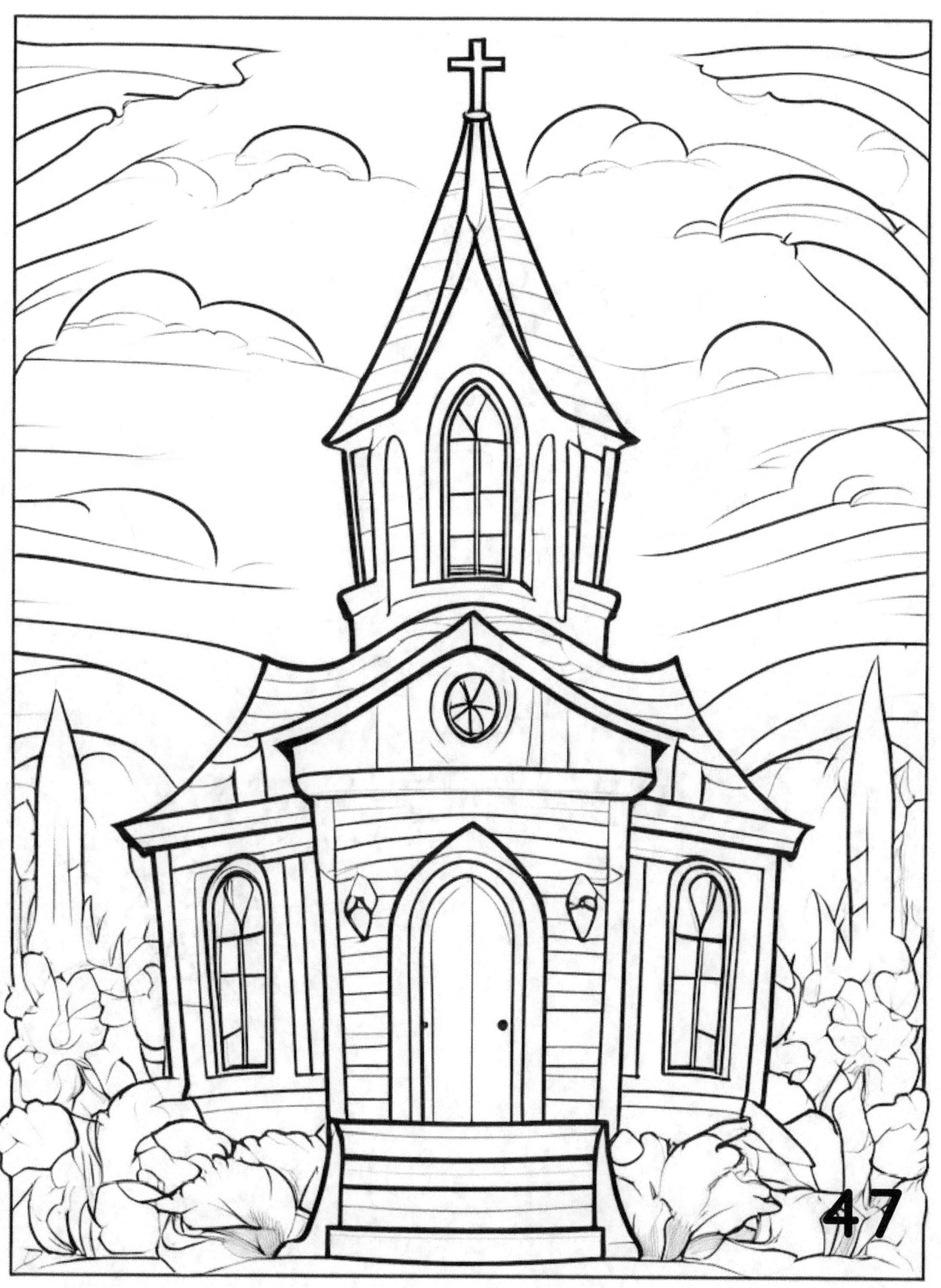

47

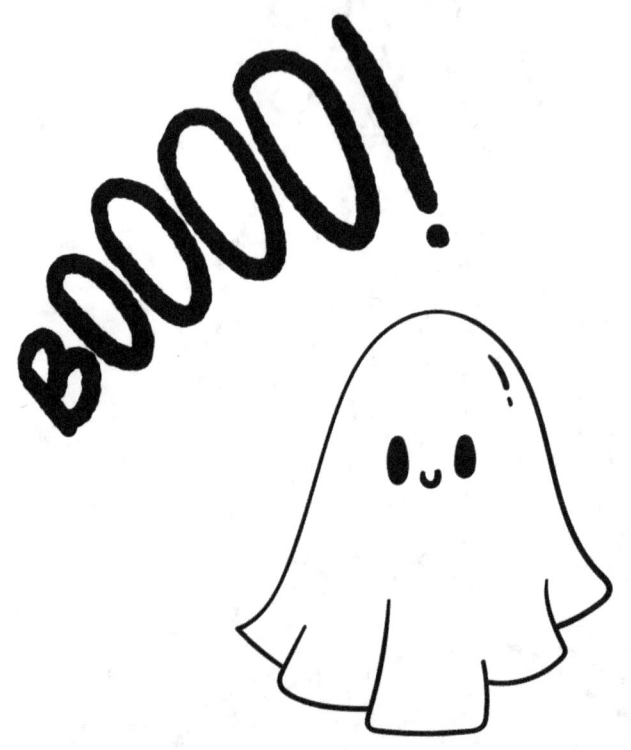

BOOOO!

PROTECTION SHEET

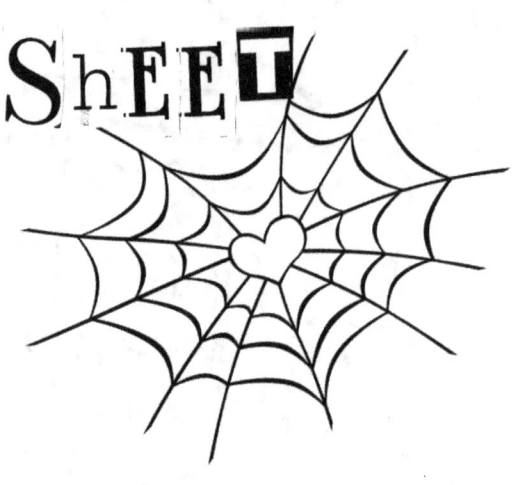

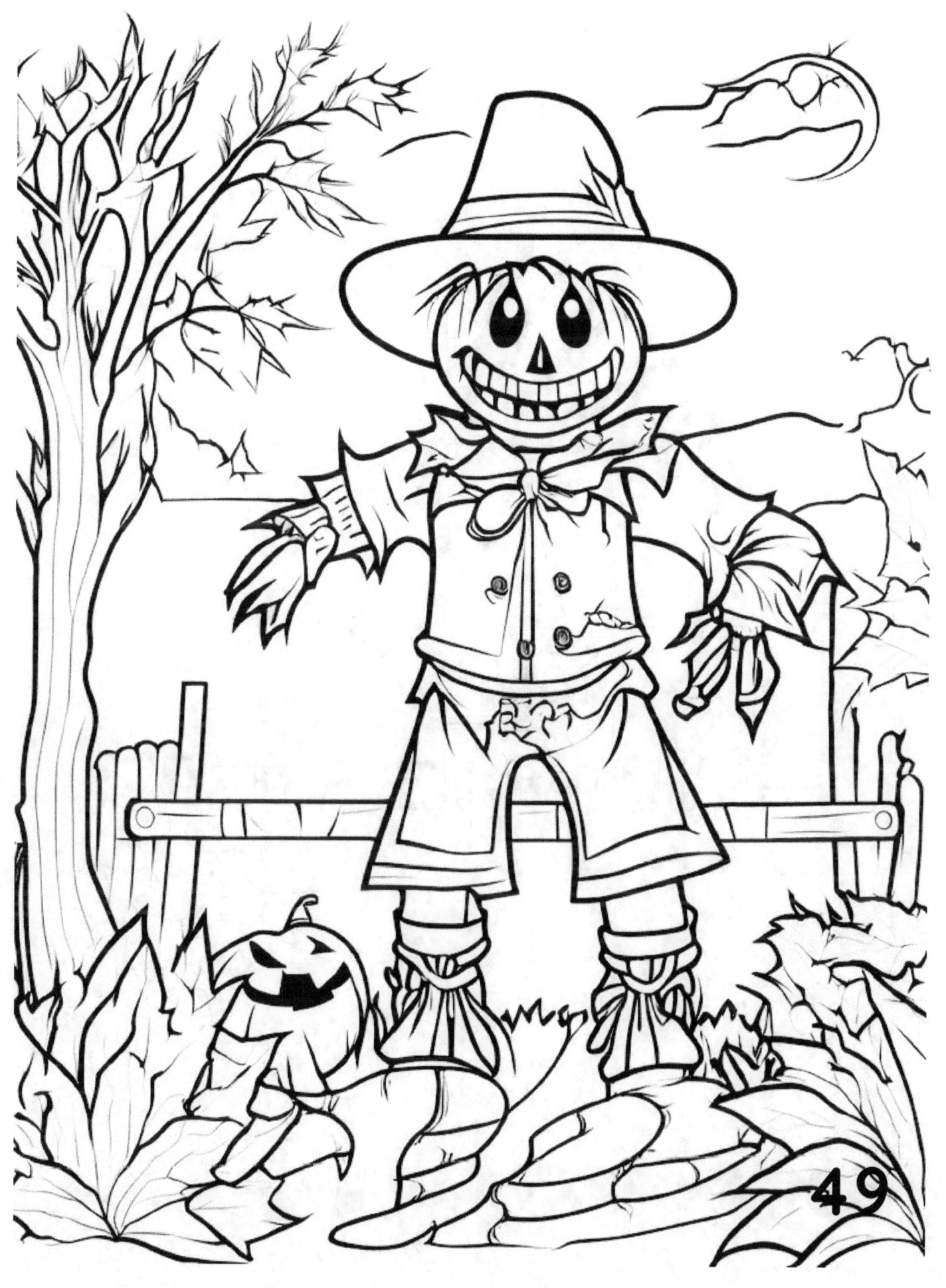

49

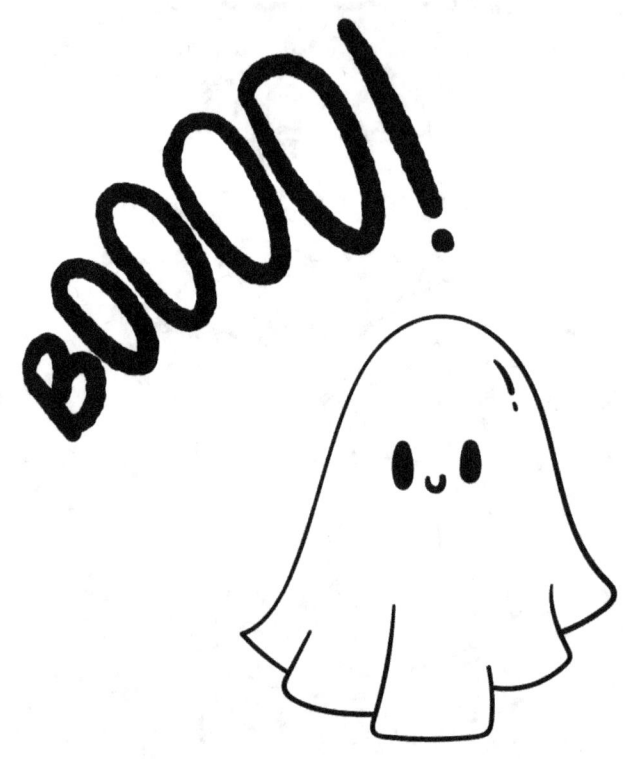

BOOOO!

pRoTECTioN ShEET

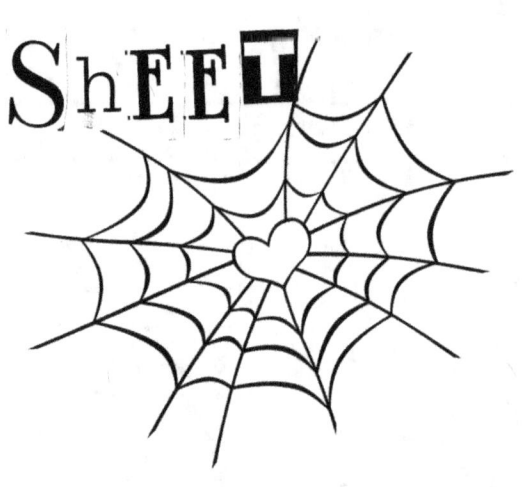

50

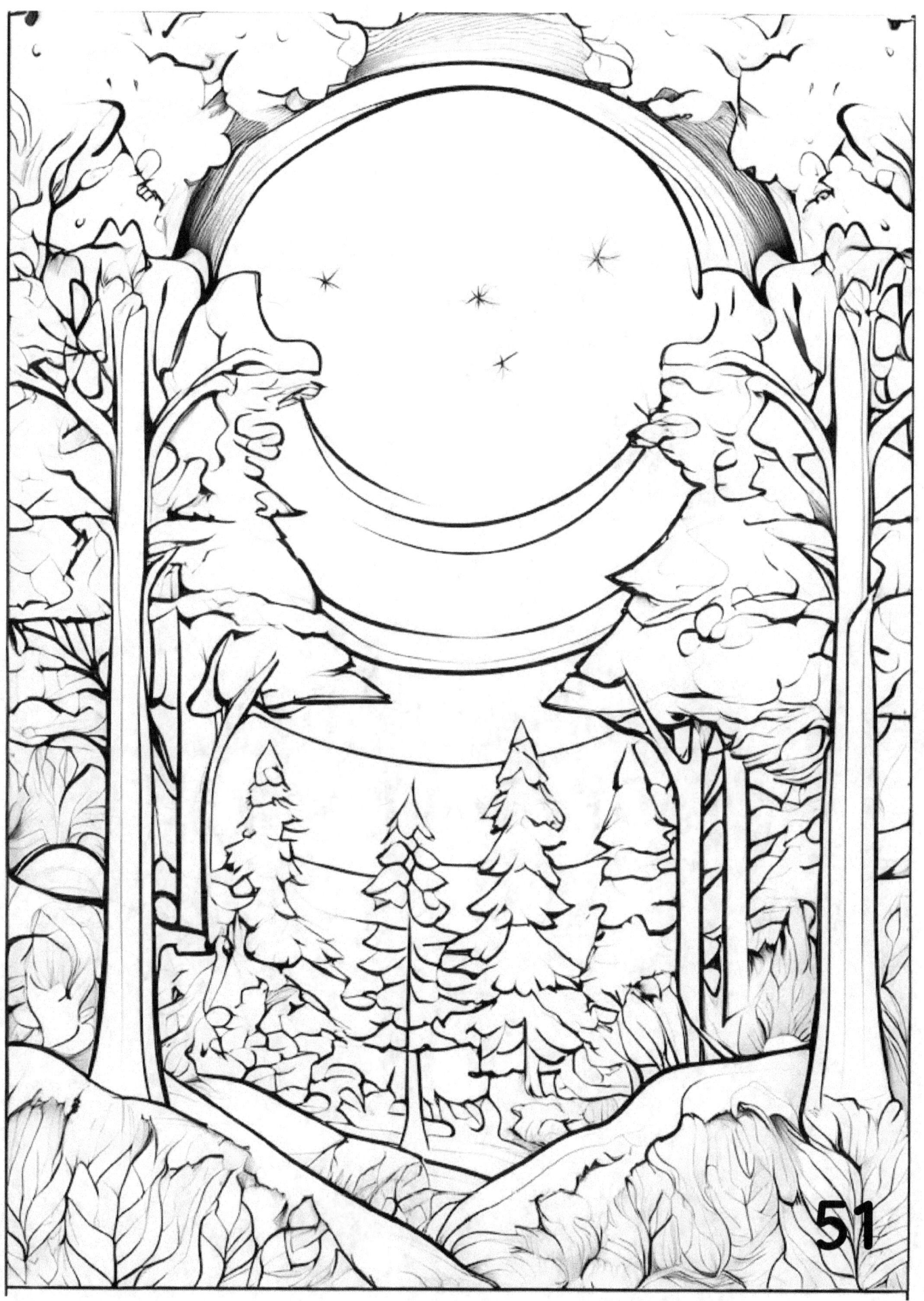

51

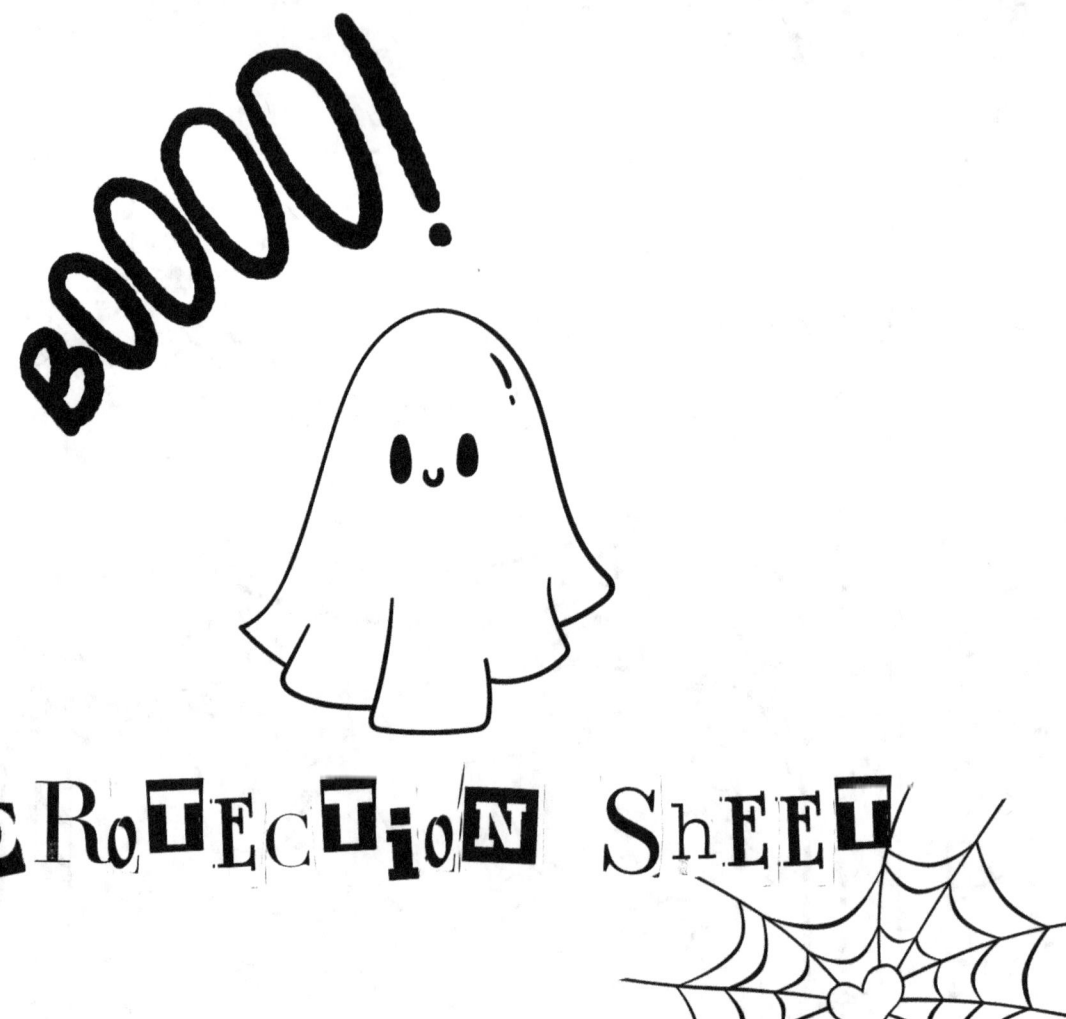

BOOOO!

PROTECTION SHEET

52

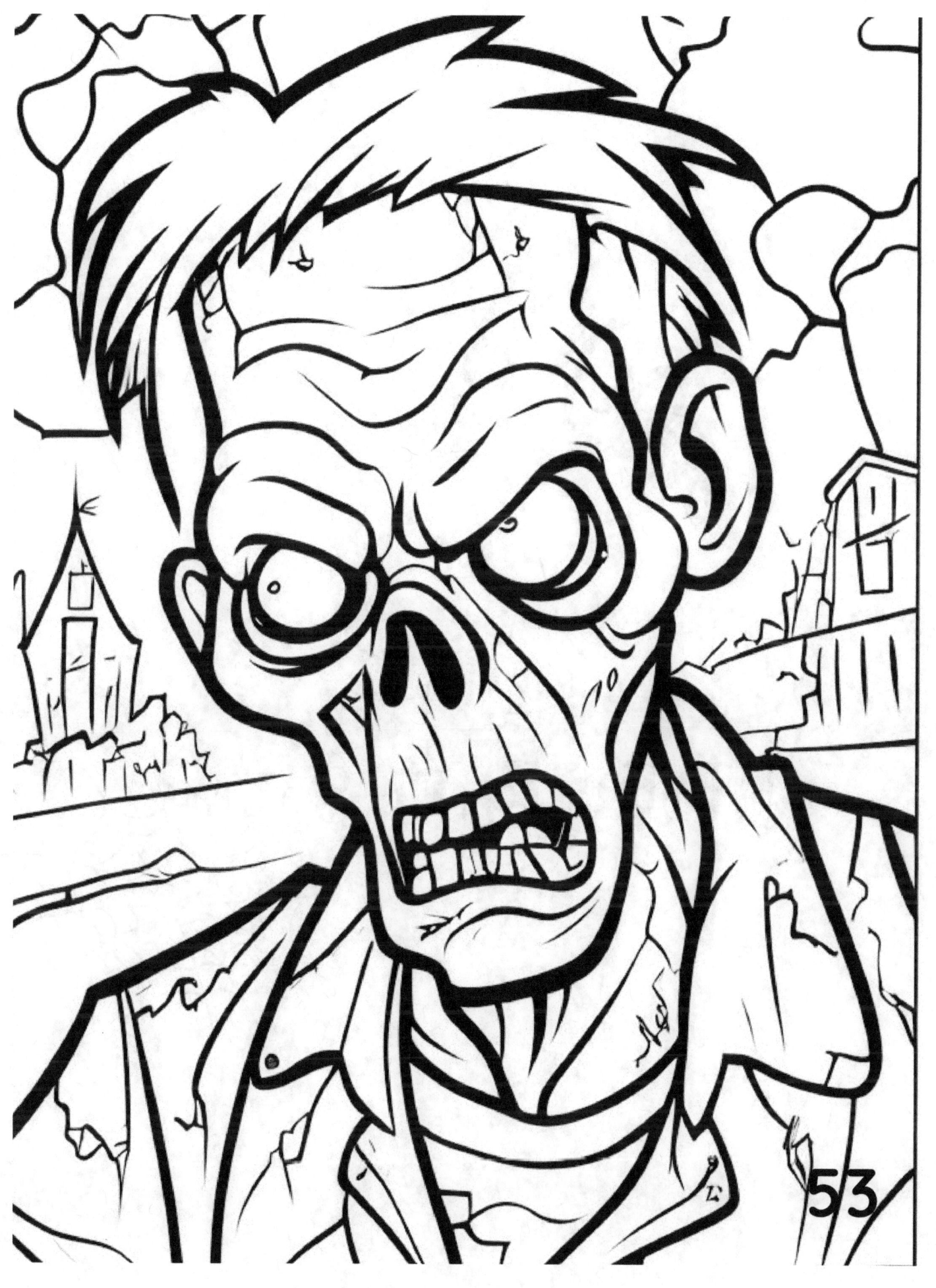

53

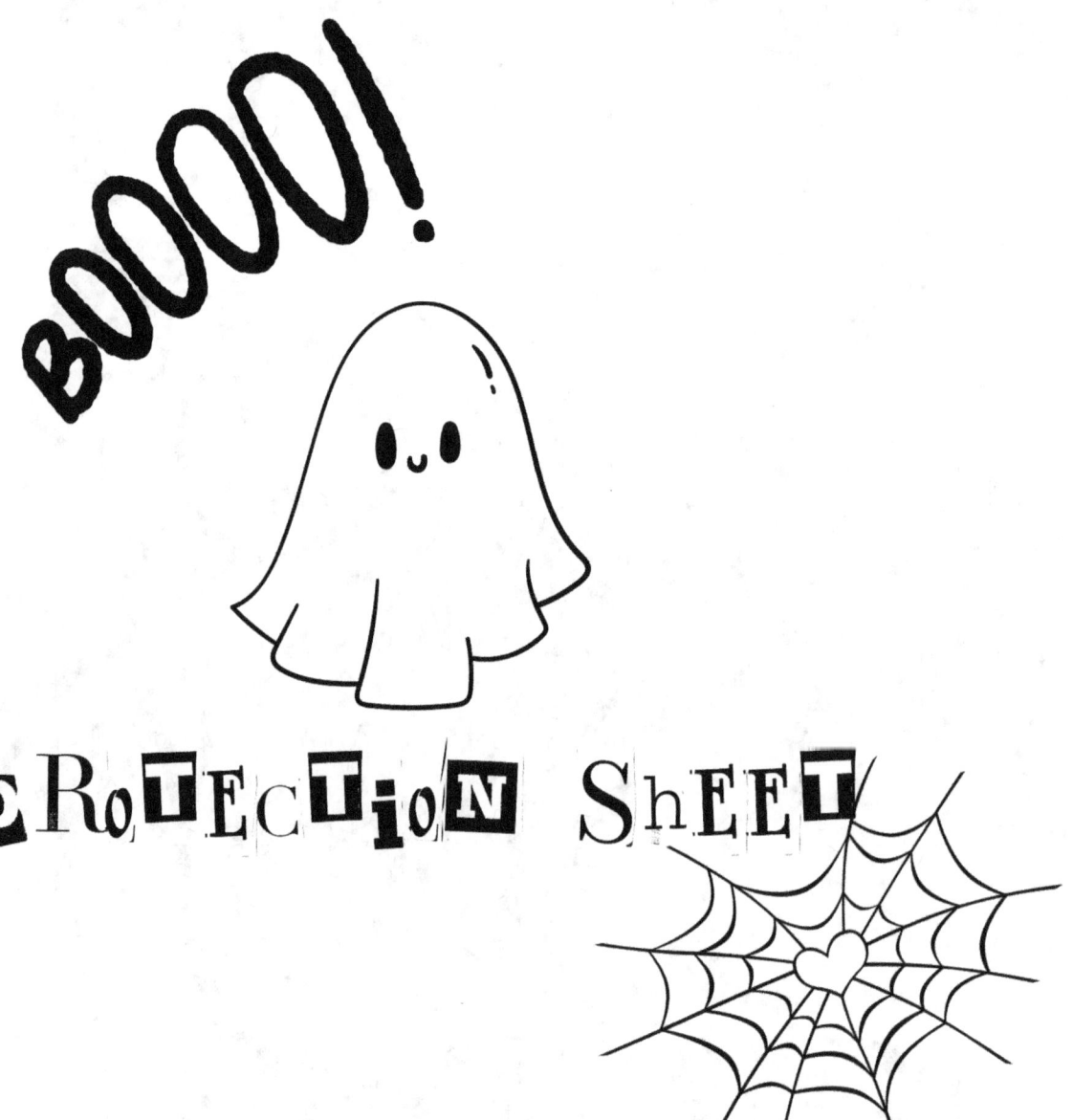

BOOOO!

PROTECTION SHEET

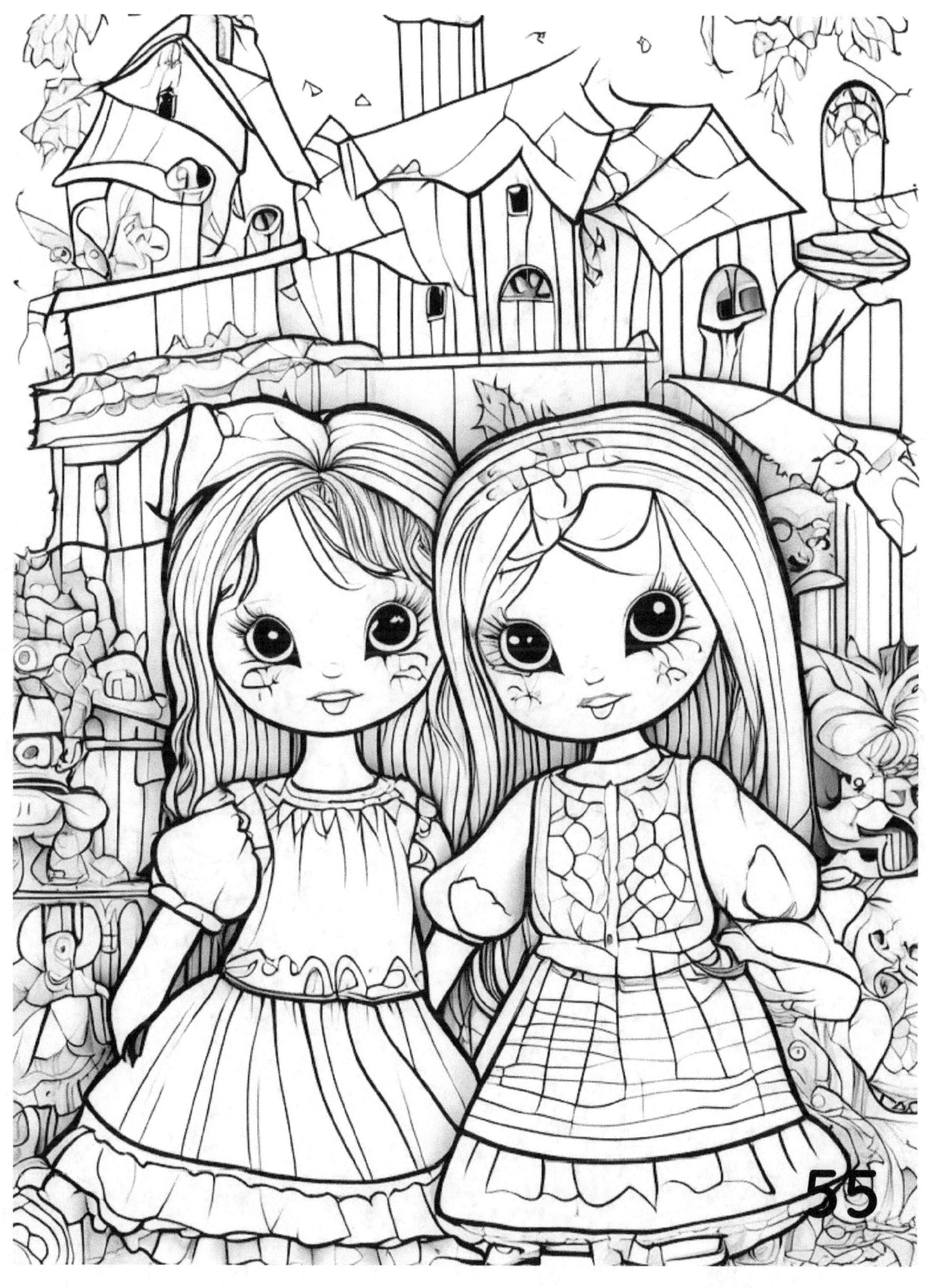

55

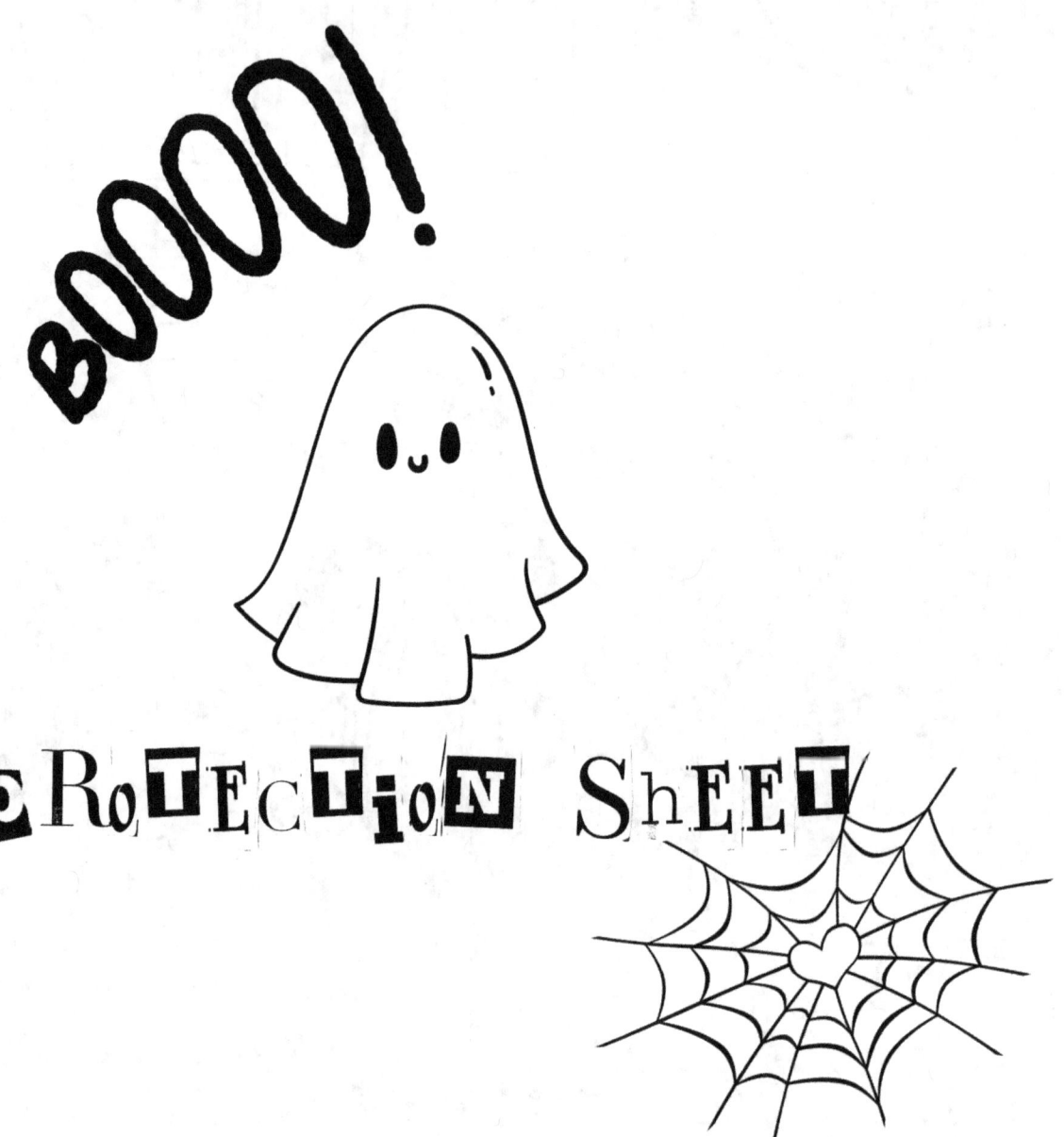

BOOOO!

PROTECTION SHEET

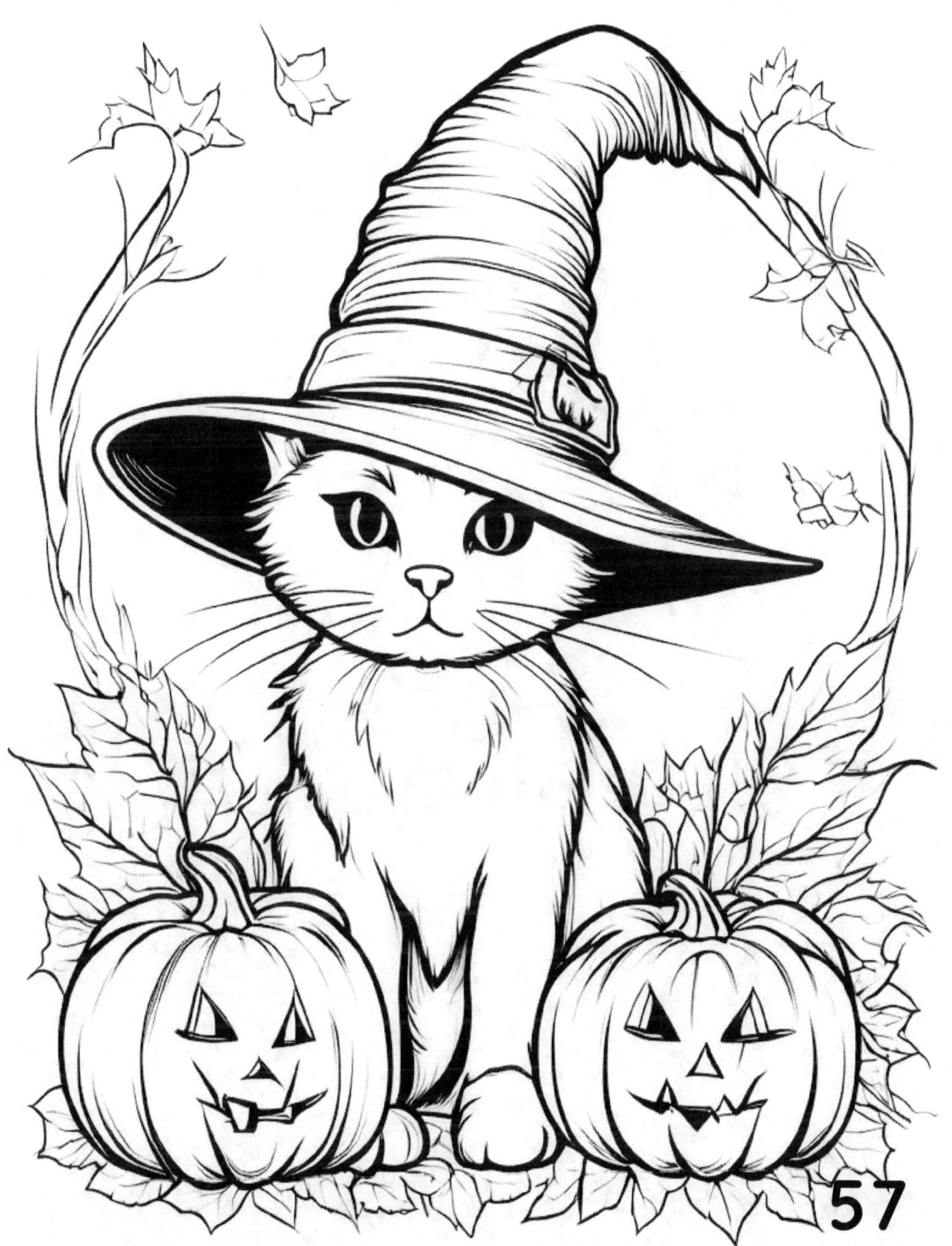

57

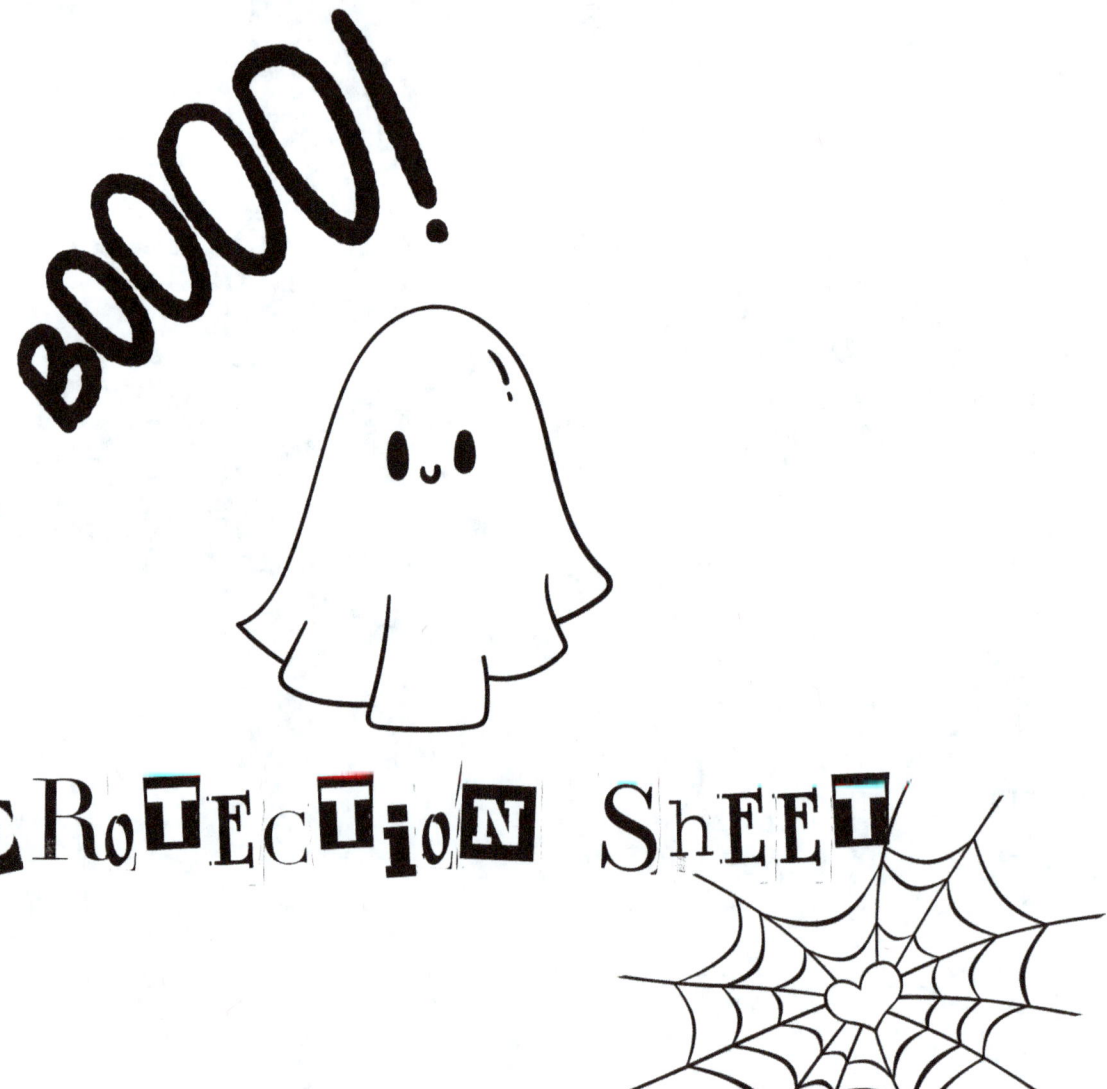

BOOOO!

PROTECTION SHEET

58

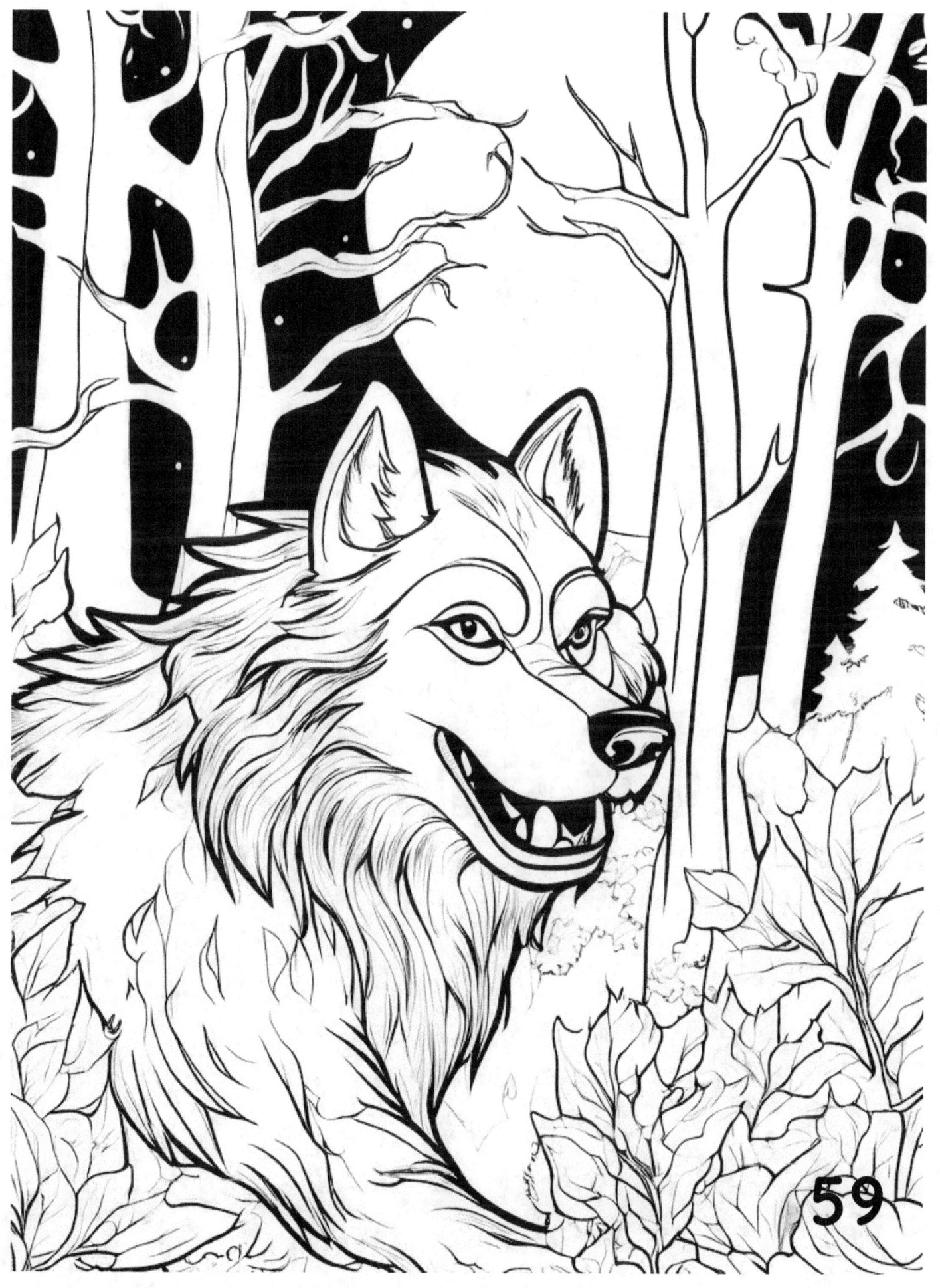

59

BOOOO!

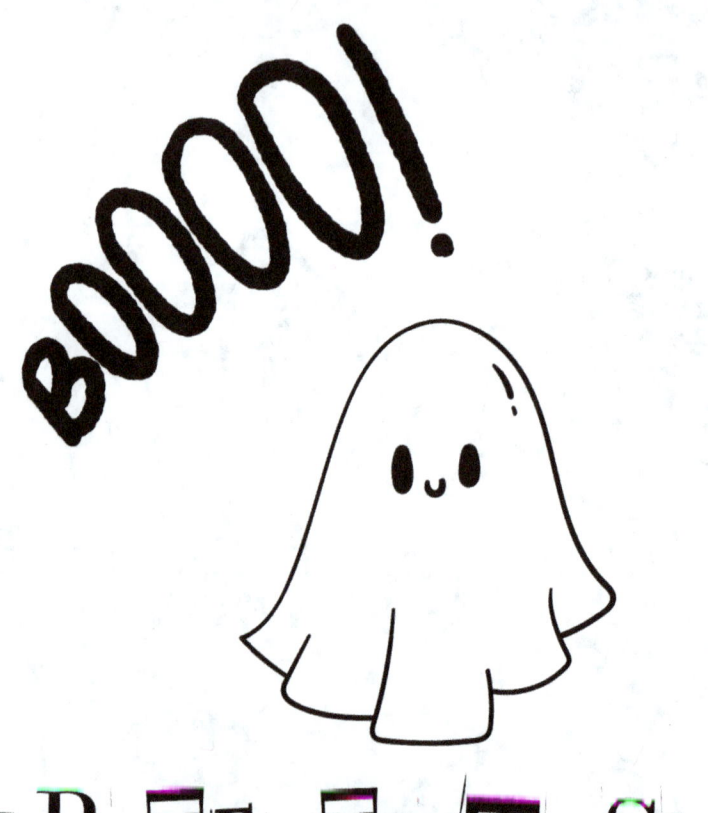

pRoTECTioN ShEET

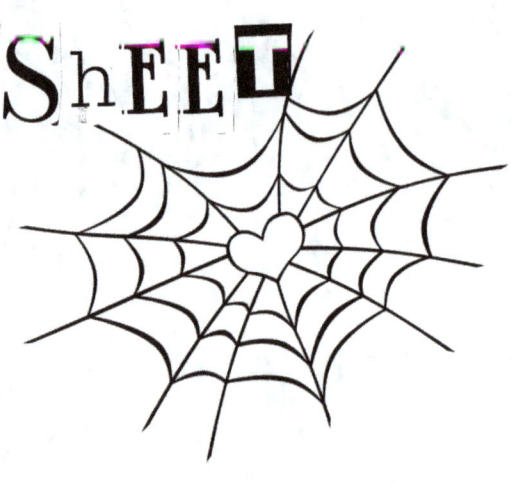

60

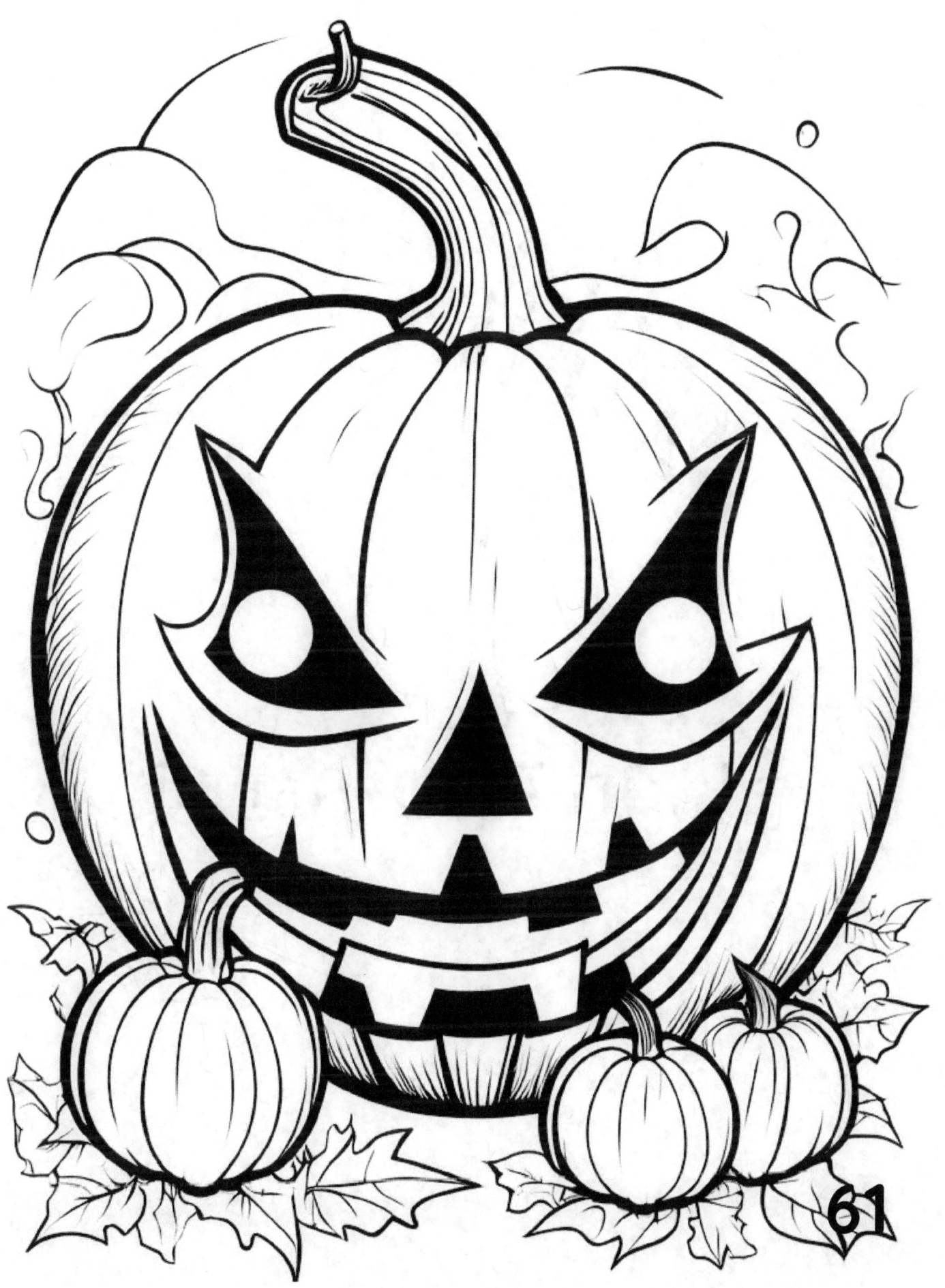

61

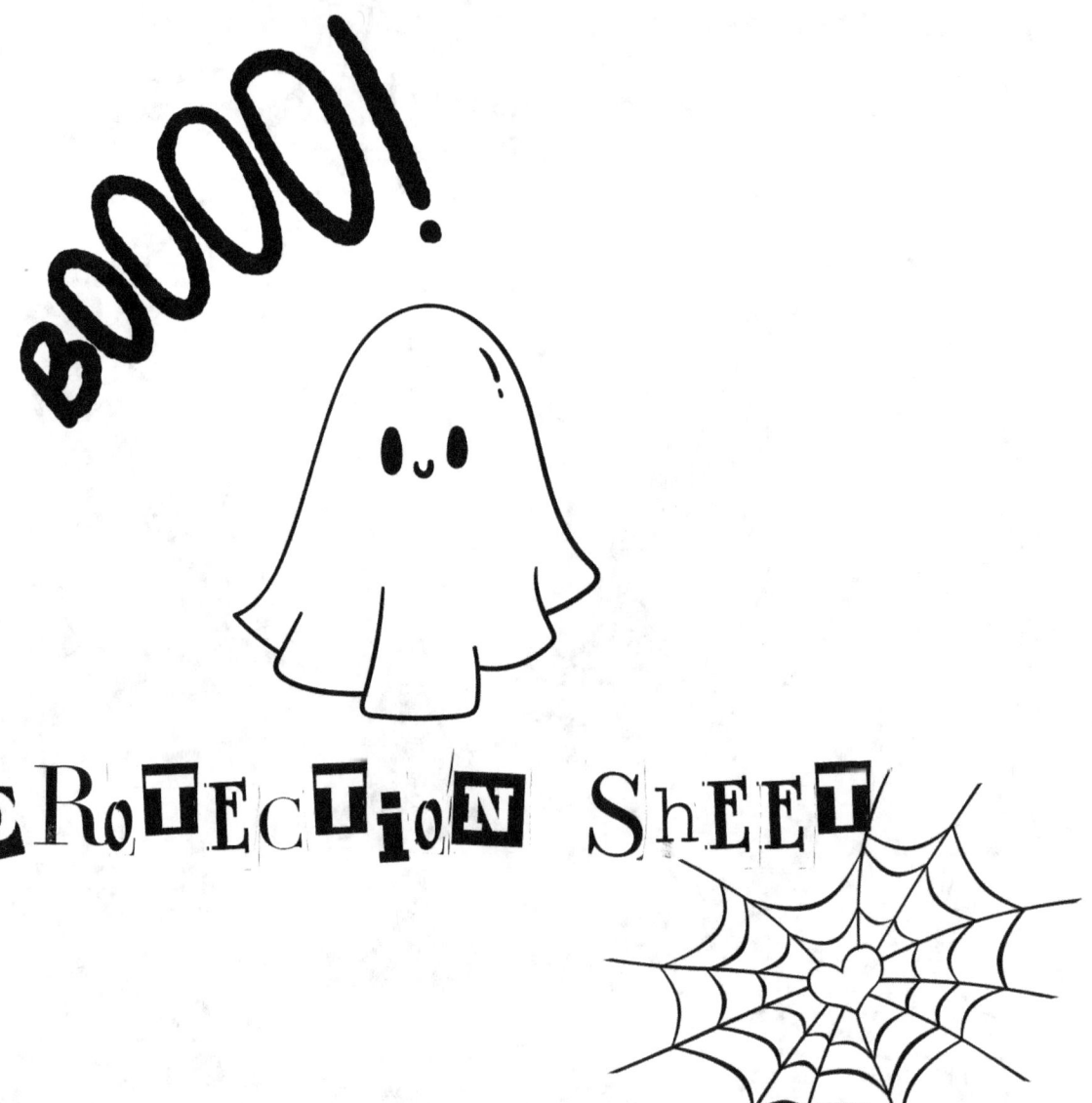

BOOOO!

pRoTECTioN ShEET

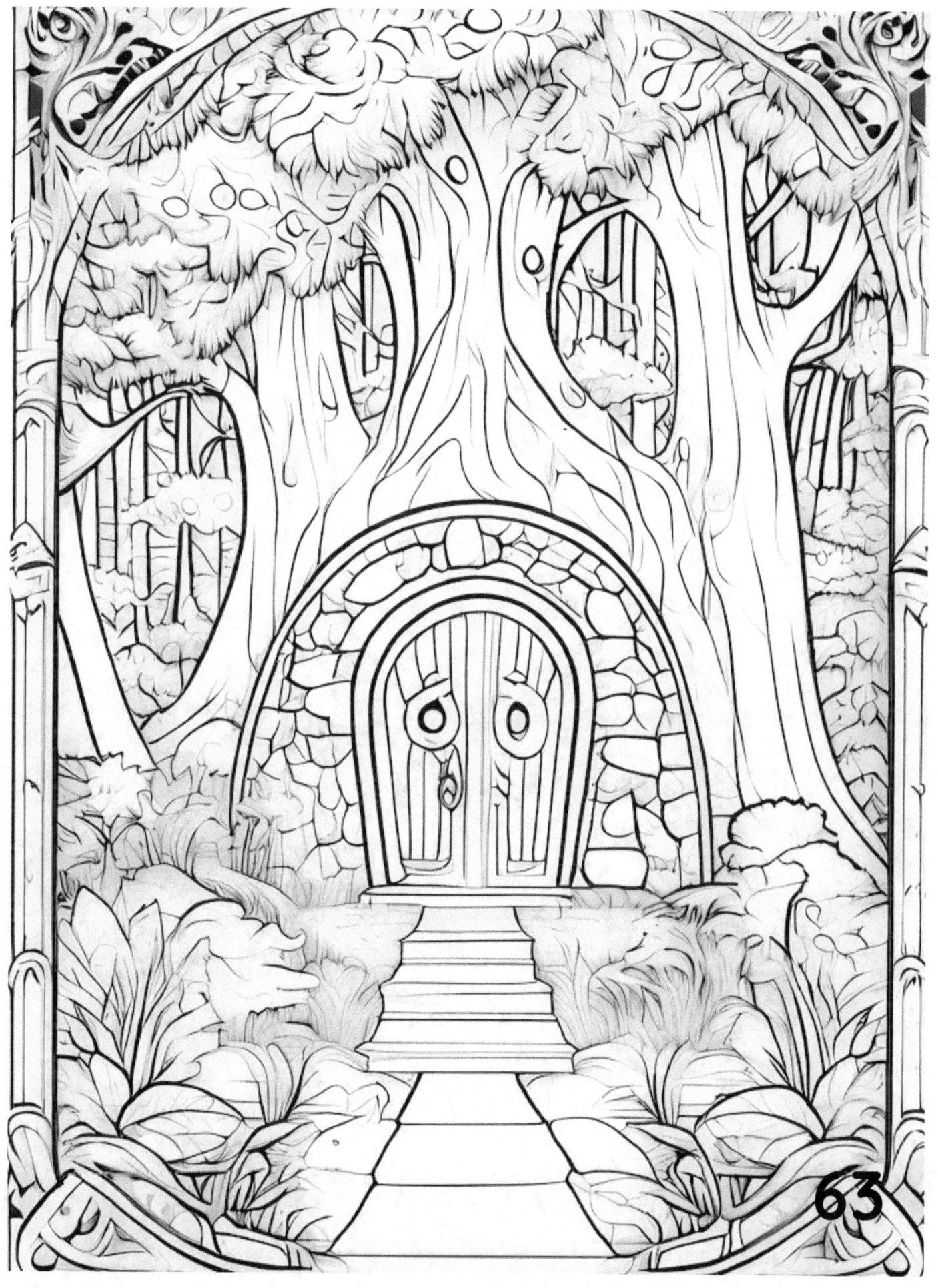

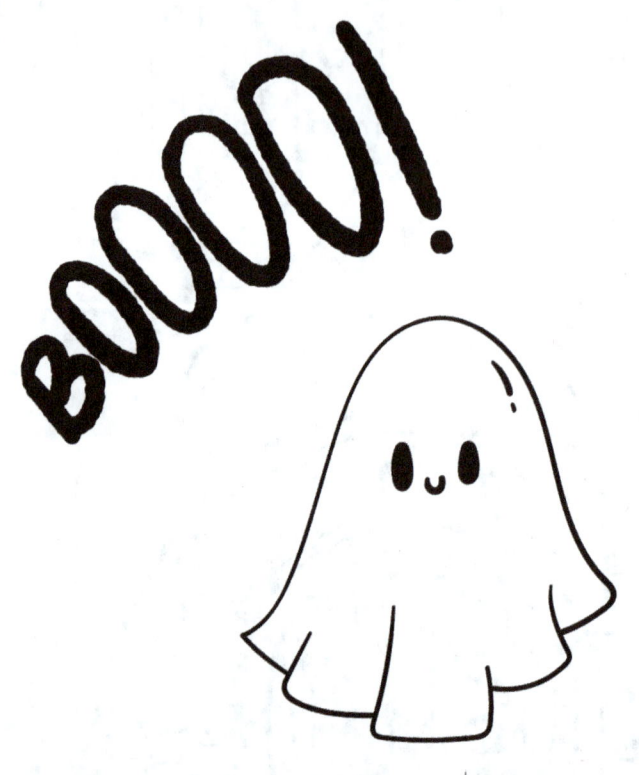

BOOOO!

pRoTEcTioN ShEET

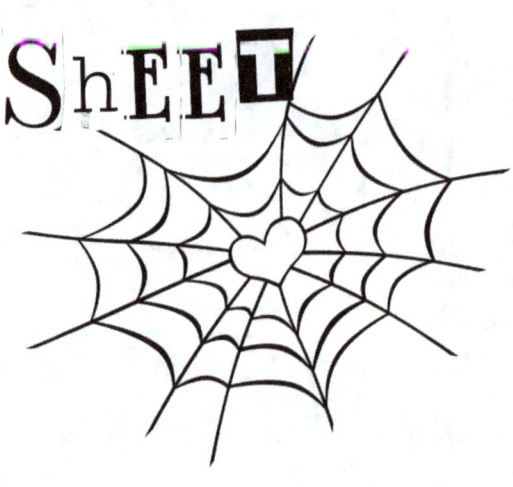

64

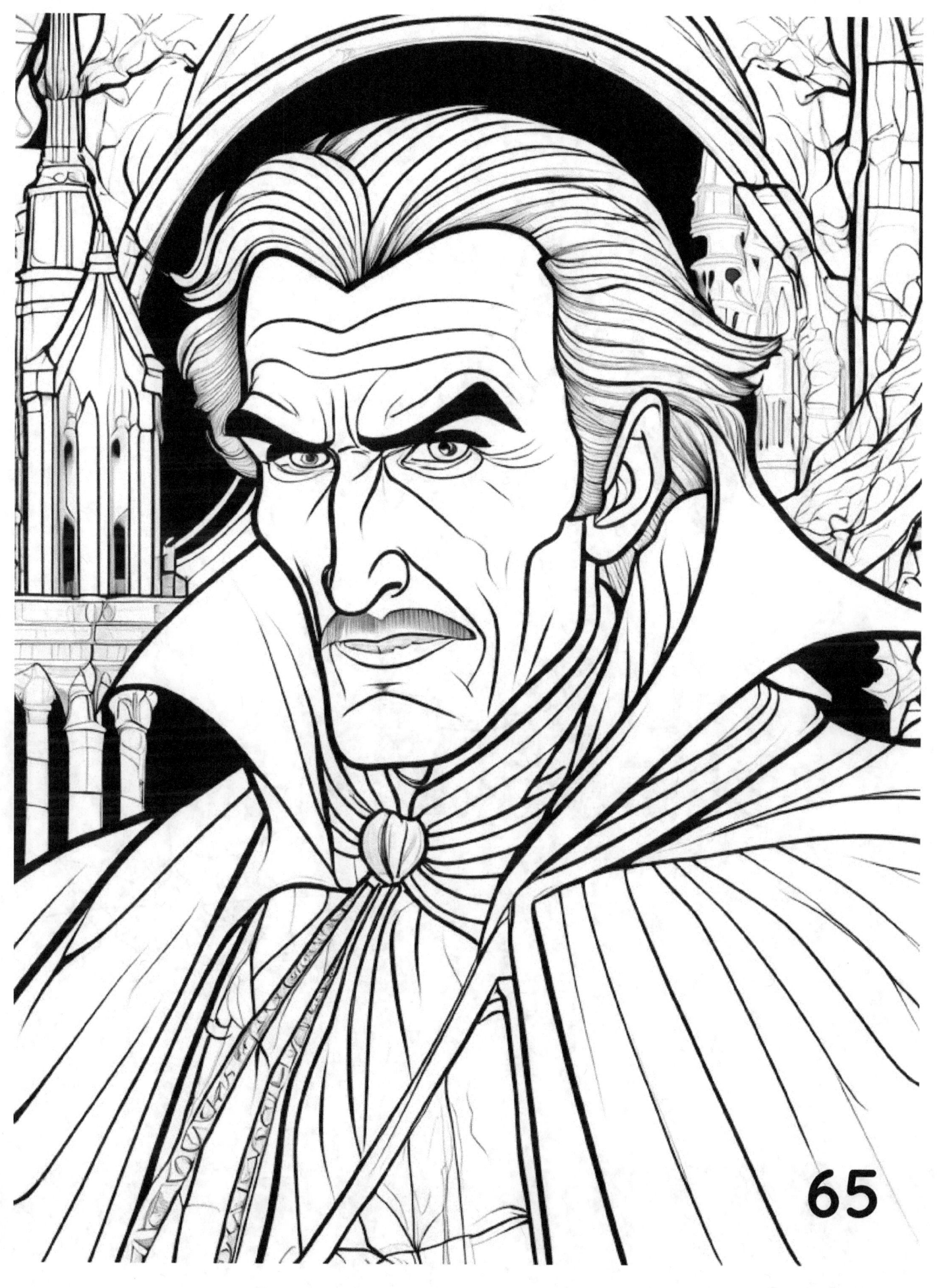

65

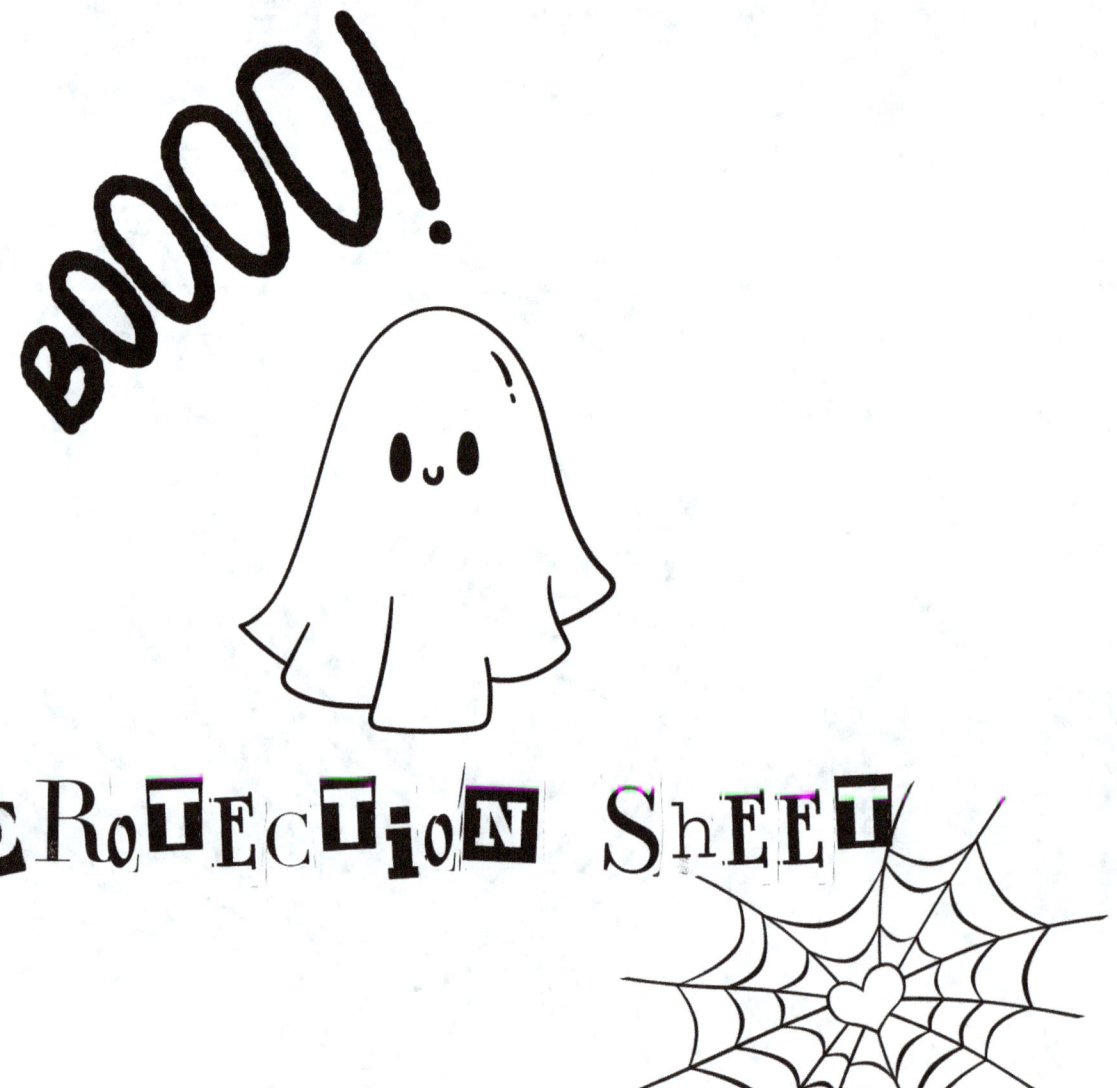

BOOOO!

PROTECTION SHEET

66

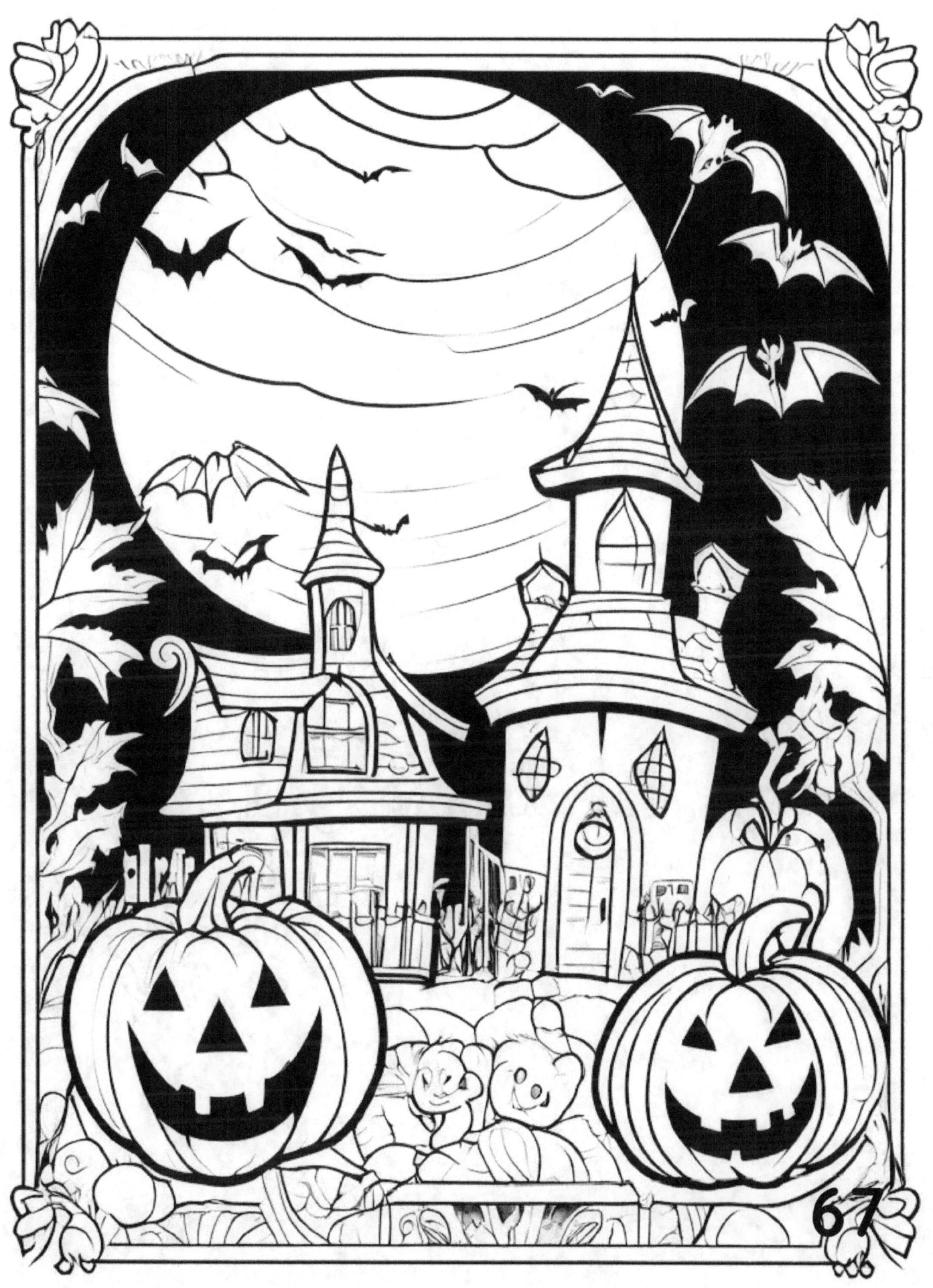

67

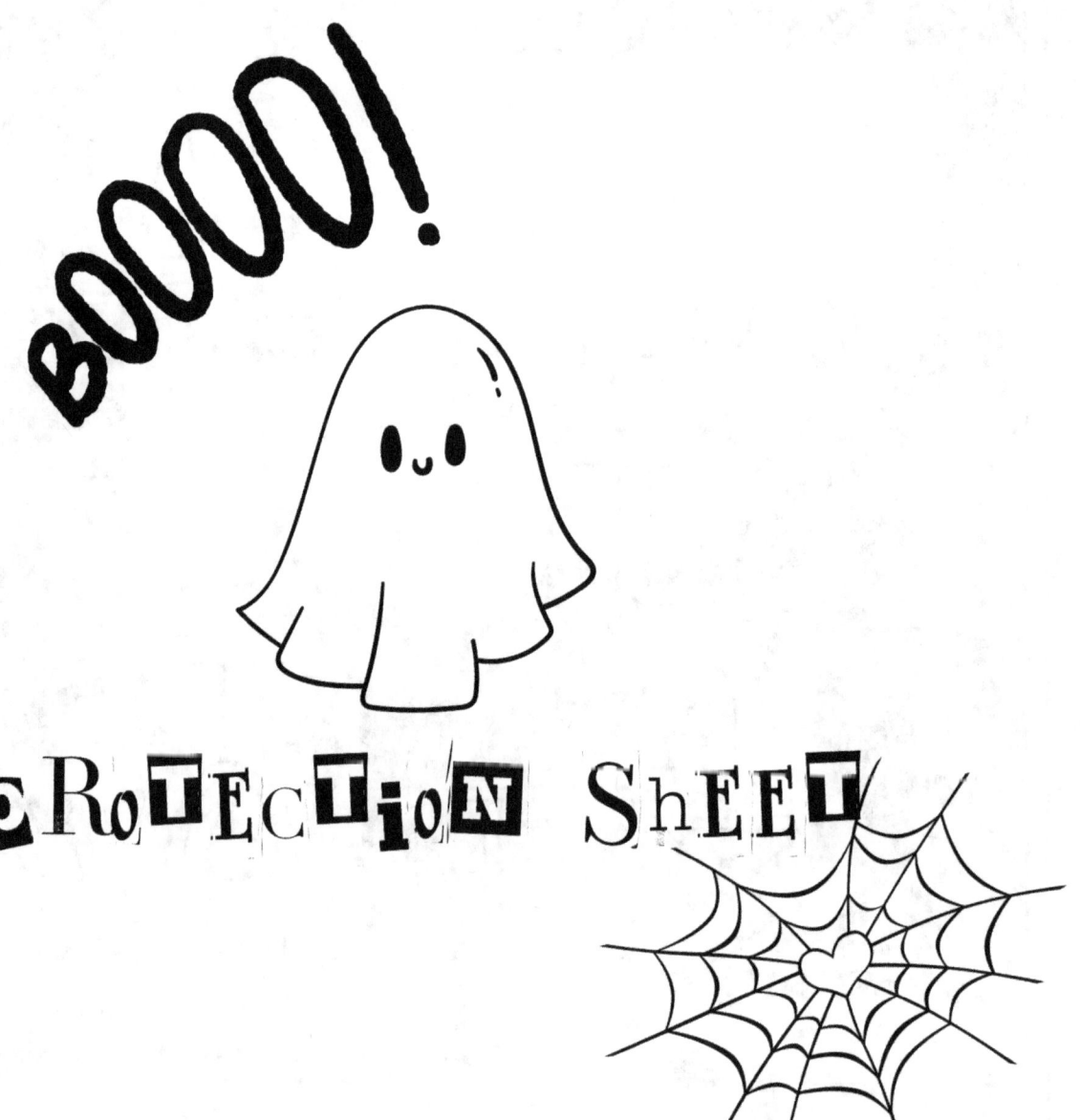

BOOOO!

PROTECTION SHEET

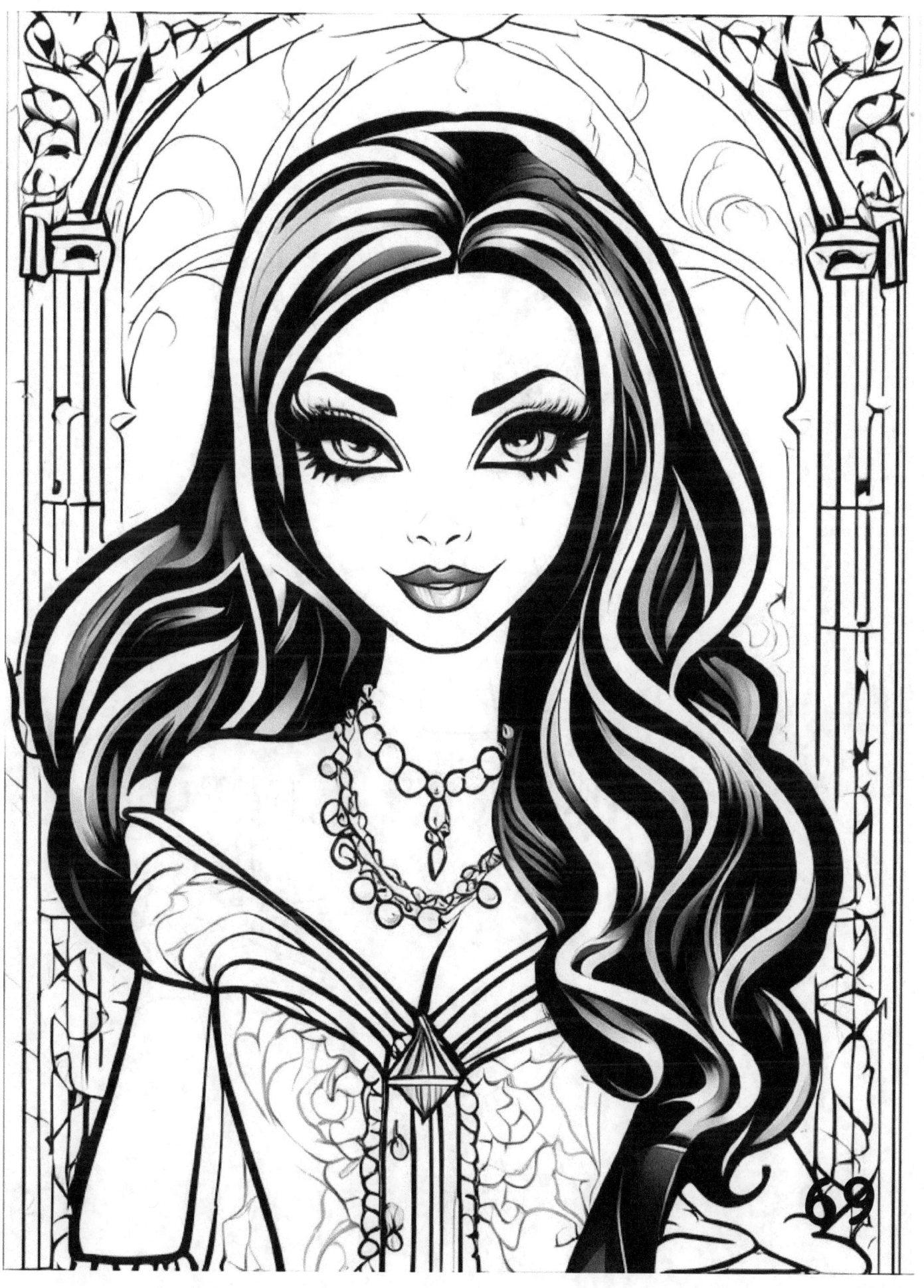

BOOOO!

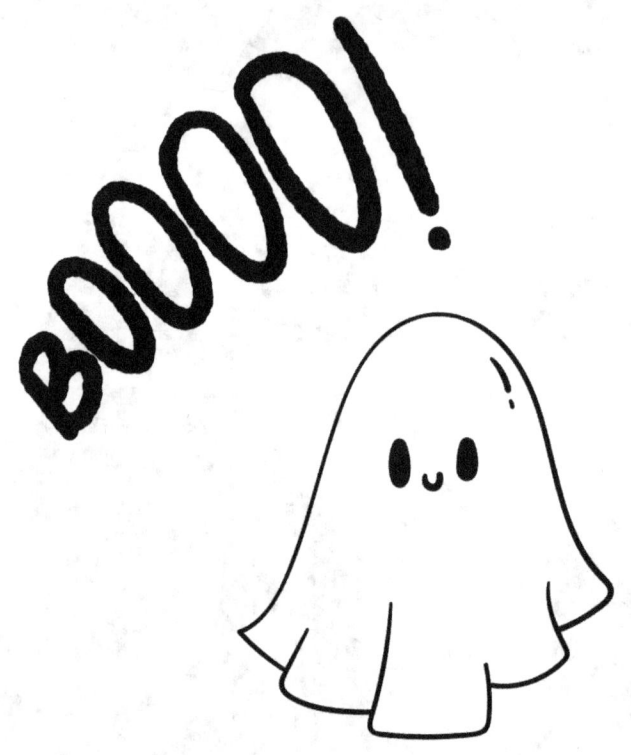

PROTECTION SHEET

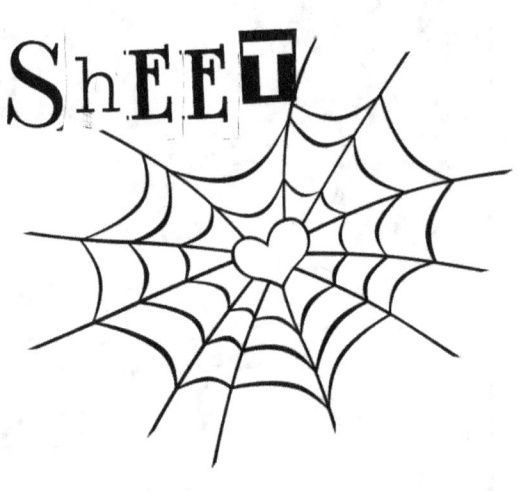

70

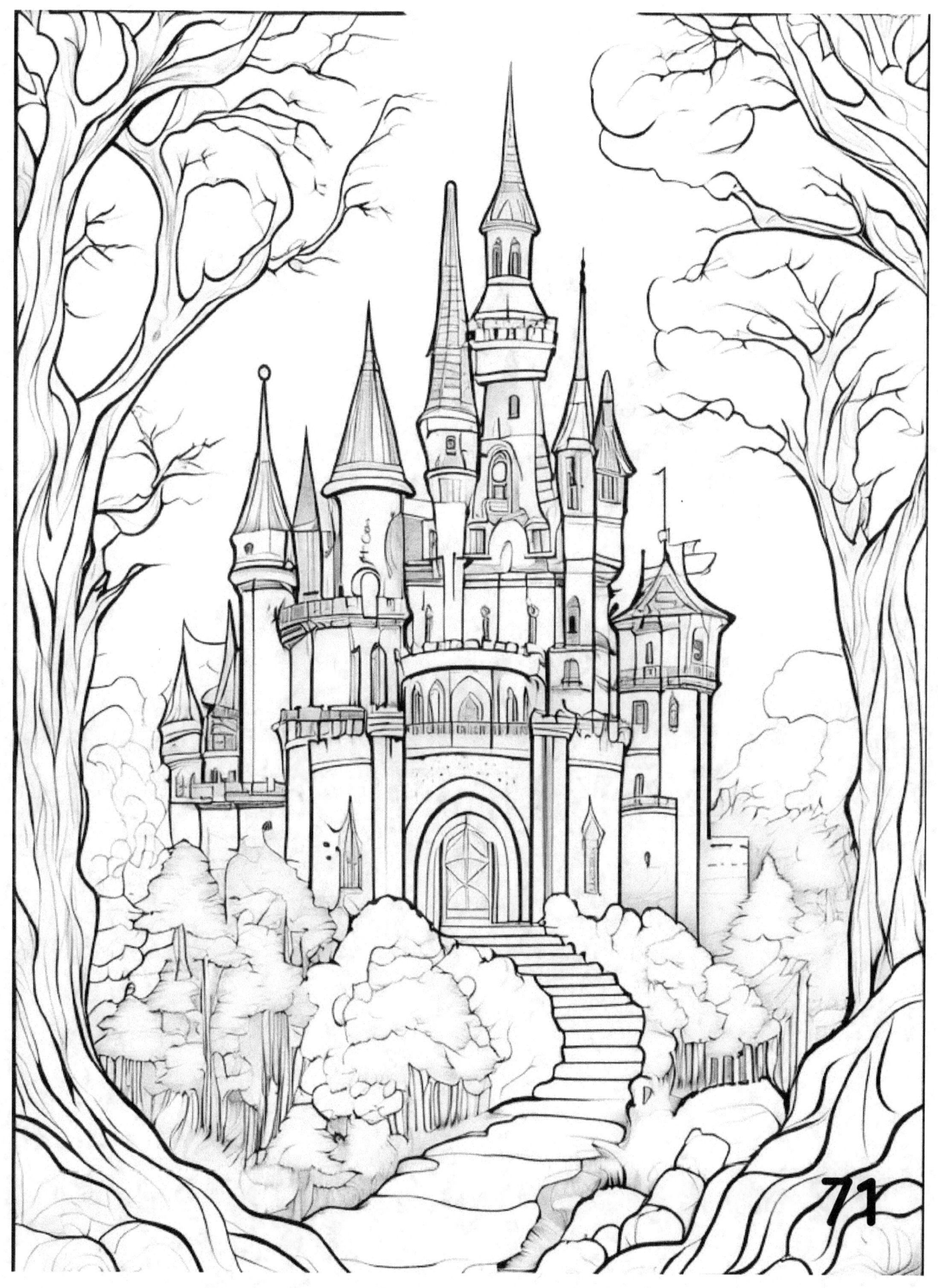

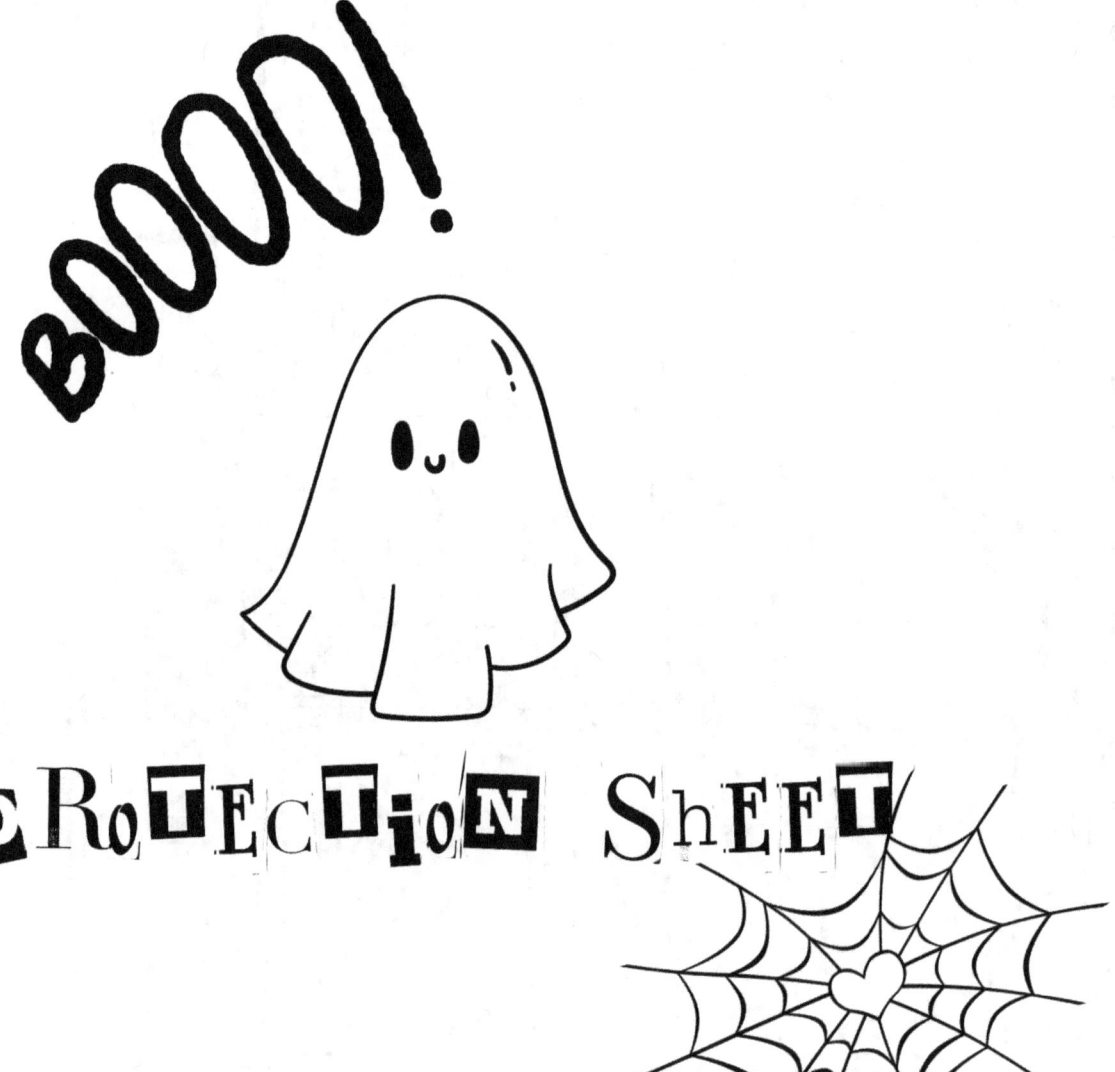

BOOOO!

pRoTECTioN ShEET

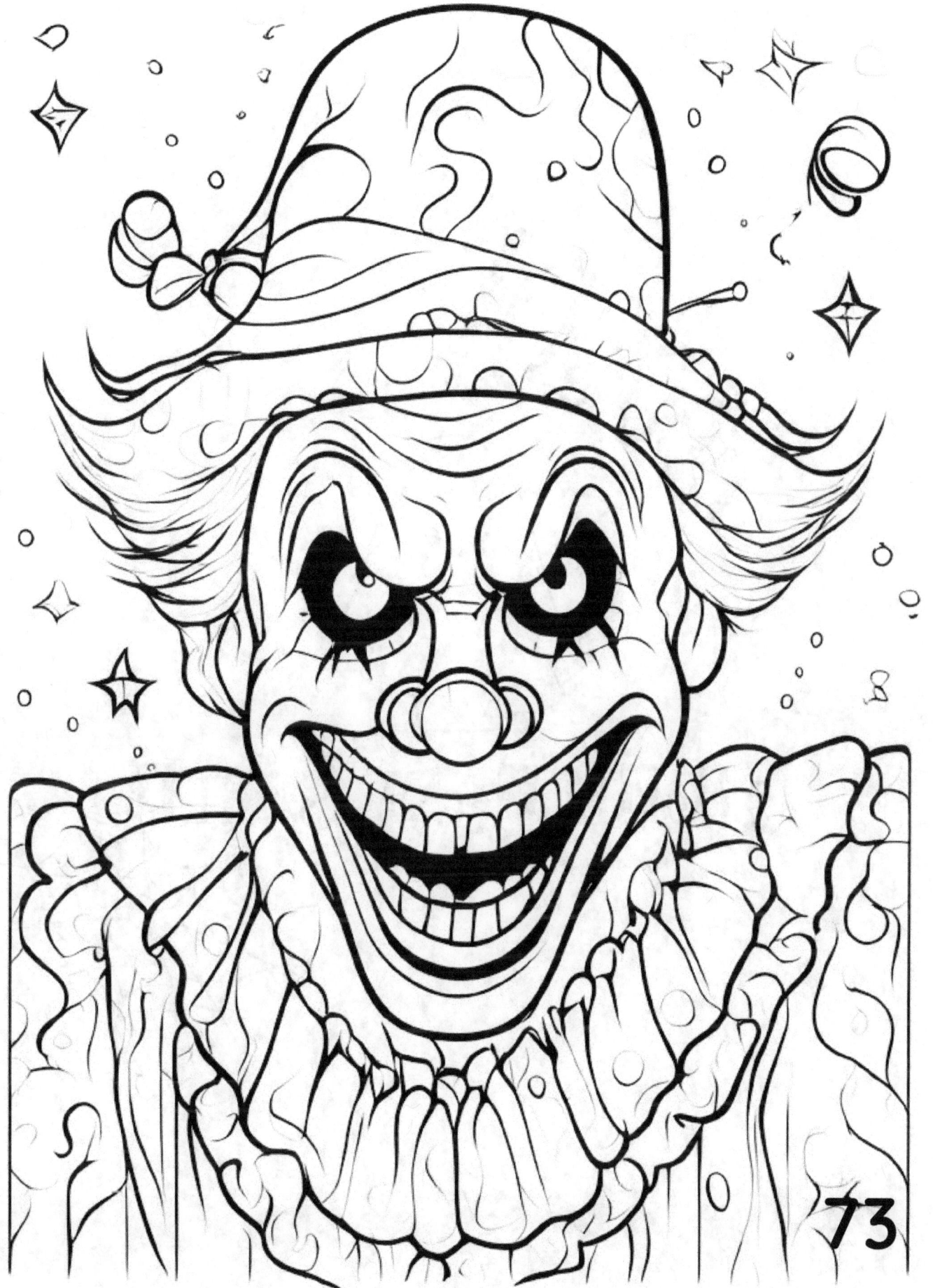

73

BOOOO!

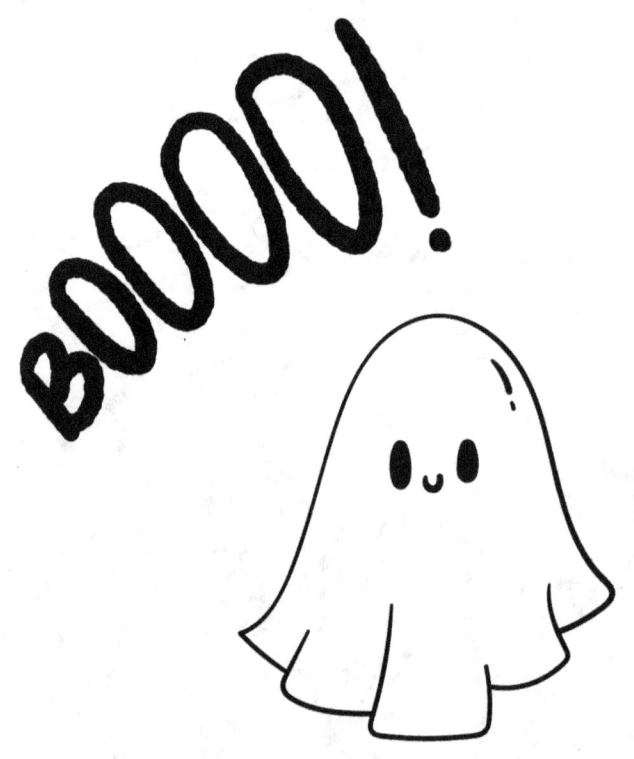

PROTECTION SHEET

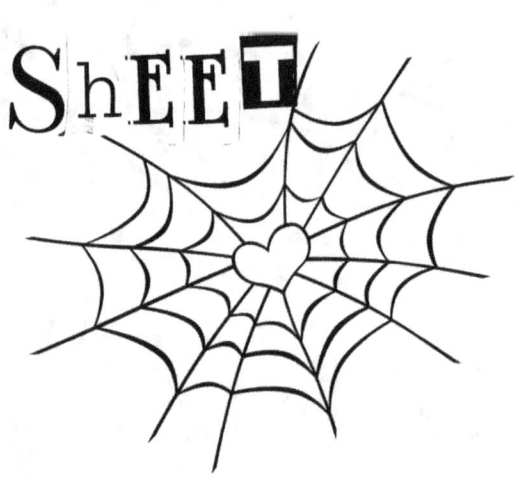

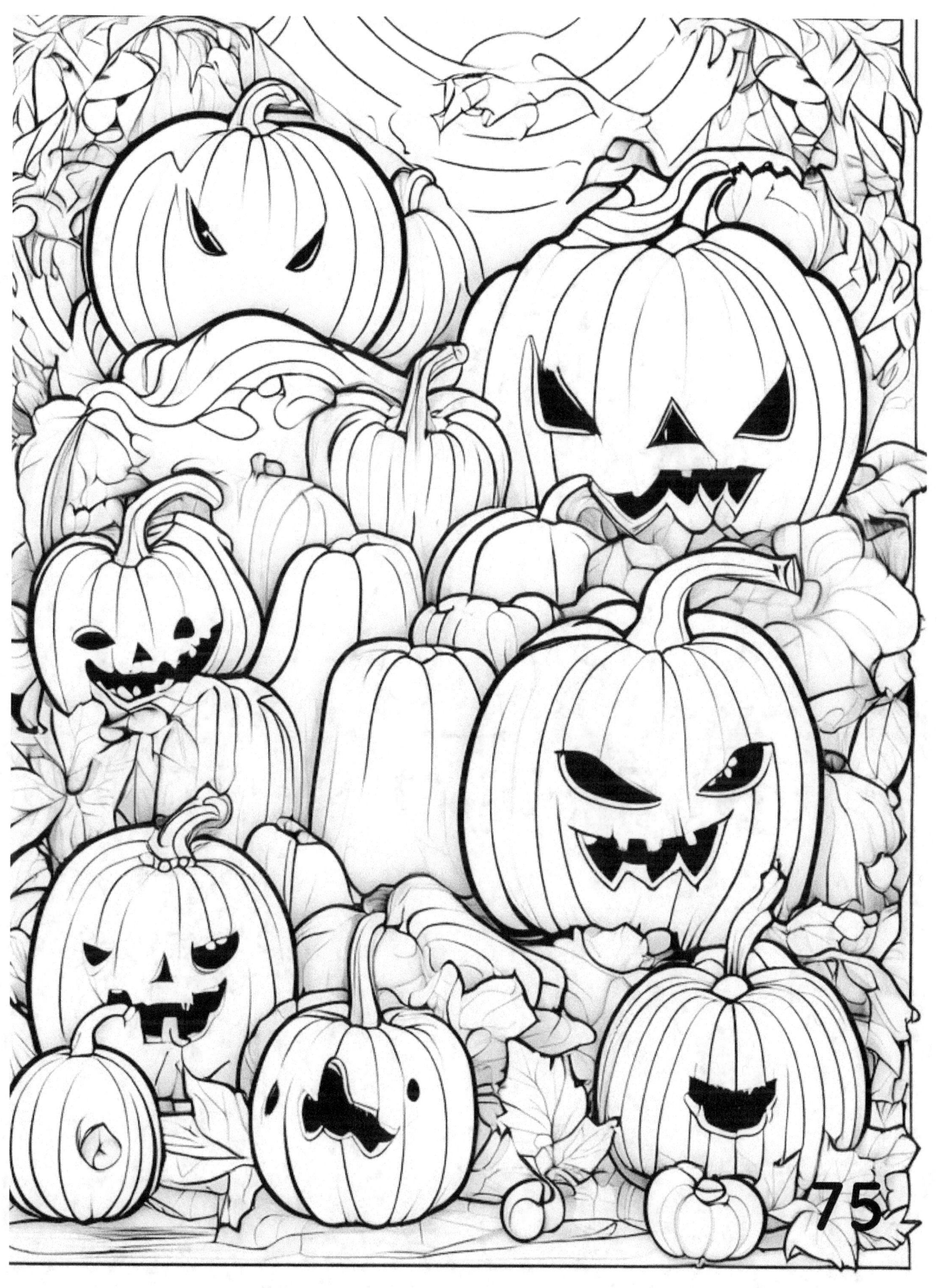

75

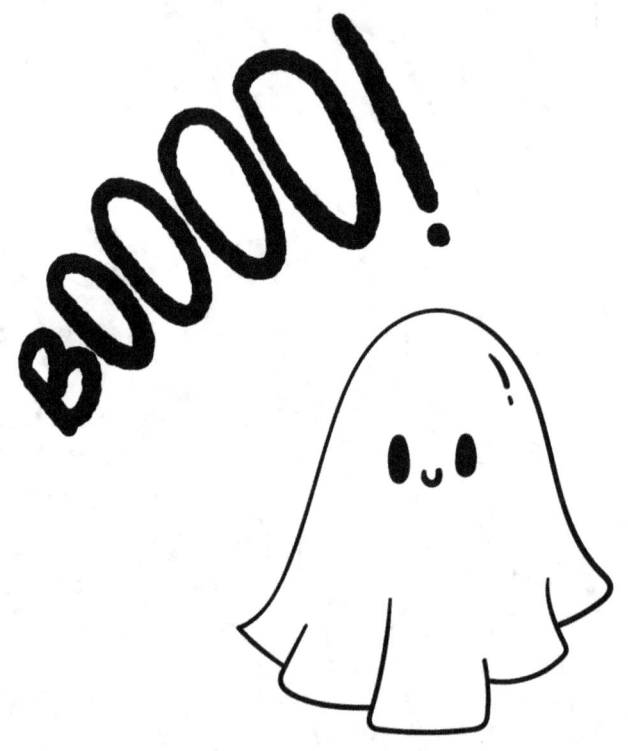

BOOOO!

pRoTECTiON ShEET

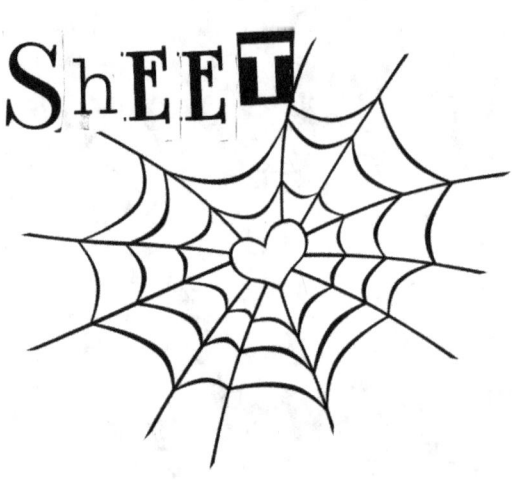

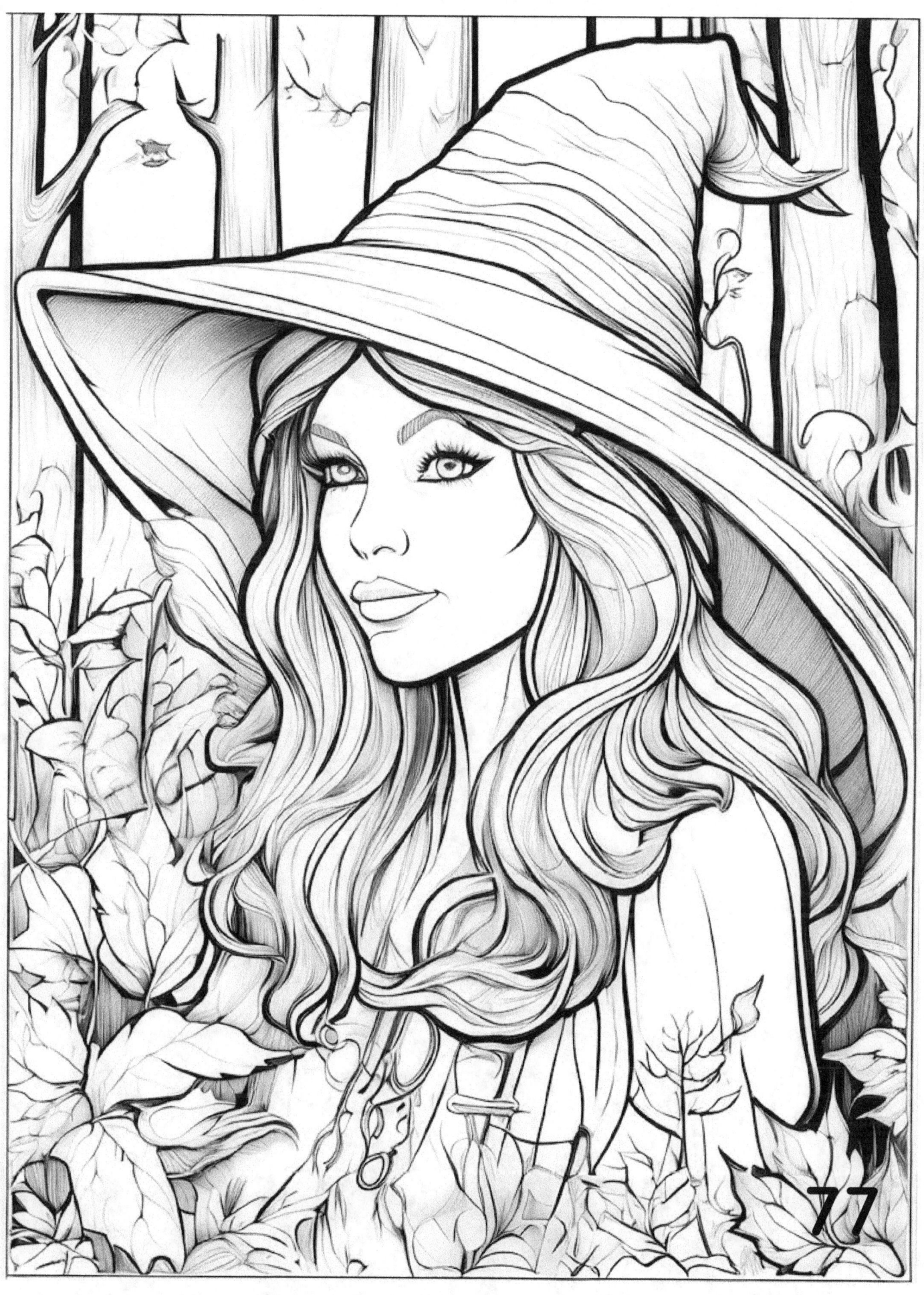

77